学术顾问：李学勤 罗哲文 俞伟超 曾宪通 彭卿云

大唐盛世

李默 / 主编

中华文明是人类历史上最伟大的文明之一，是人类文明发展的主要构成。中华文明丰富、深刻、辉煌、博大，在人类文明中的骨干作用和领导作用为人所共知。在人类文明的发源时期，中华文明就是四大古文明之一，是地球上文化的策源地之一。

广东旅游出版社
GUANGDONG TRAVEL & TOURISM PRESS
悦读书·悦旅行·悦享人生

中国·广州

图书在版编目（CIP）数据

大唐盛世 / 李默主编 . — 广州：广东旅游出版社，2013.1（2024.8 重印）
ISBN 978-7-80766-442-0

Ⅰ．①大… Ⅱ．①李… Ⅲ．①中国历史—唐代—通俗读物 Ⅳ．① K242.209

中国版本图书馆 CIP 数据核字 (2012) 第 276791 号

出 版 人：刘志松
总 策 划：李 默
责任编辑：张晶晶　梁诗淇
装帧设计：史冬梅
责任校对：李瑞苑
责任技编：冼志良

大唐盛世
DA TANG SHENG SHI

广东旅游出版社出版发行
（广东省广州市荔湾区沙面北街 71 号首、二层）
邮编：510130
电话：020-87347732（总编室）020-87348887（销售热线）
投稿邮箱：2026542779@qq.com
印刷：三河市嵩川印刷有限公司
　　　（河北省廊坊市三河市杨庄镇肖庄子村）
开本：650×920mm　16 开
字数：105 千字
印张：10
版次：2013 年 1 月第 1 版
印次：2024 年 8 月第 3 次印刷
定价：45.80 元

［版权所有　侵权必究］
本书如有错页倒装等质量问题，请直接与印刷厂联系换书。

THE CHINESE CIVILIZATION 中华文明

出版者识

　　《话说中华文明》是一部全景式图文并茂记录中国文明历史的大书。出版者穷数年之力，会集各方力量——专家、学者、编辑、学术顾问们，在浩如烟海的历史档案、资料、著作中，探珍问宝，追寻中华文明在悠悠历史长河中的灿烂之光。此书的出版，凝聚了编撰者的心血、学术顾问们的智慧。尤其是李学勤先生，亲自动笔写下了序言，更增加了本书沉甸甸的分量。

　　中华文明的历史充满了辉煌与苦难，成就和挫折。它的历史无处不在，决定着我们中国人今天的思想和感情。当今的中国和中国人是中华文明的历史造就的，是中华文明的历史的延伸，也是它的一个组成部分，中华文明的历史之河奔流到现在。

　　中华文明是人类历史上最伟大的文明之一，是人类文明发展的主要构成。中华文明丰富、深刻、辉煌、博大，在人类文明中的骨干作用和领导作用人所共知。在人类文明的发源时期，中国就是四大古国之一，是地球上文化的策源地之一。在人类文明的早期，中华文明成为文明在东方的支柱，公元前后200年间，人类的汉帝国与罗马帝国这两只铁手攫住了地球。在欧洲进入中世纪的时候，中华文明更成为人类文明最主要的领导，它的文明统治东亚，传遍世界。进入近代，中华文明处于自身的重压和西方的欺凌下，但中国人民的斗争史和奋起精神是人类文明历史中不可缺少的一页。

　　五千年的中华文明为人类贡献出了从思想家孔子到科学技术的四大发明、从唐诗宋词到长城运河的伟大创造，贡献出了从诸子百家到宋明理学，从商周铜器到明清文学的深刻内涵，也贡献出了从五霸七强到三国纷争、从文景之治到十大武功的辉煌历史。中华文明的历史绚烂多彩，在人类文明的历史长河中永放光芒。

　　中华文明也是人类历史上最独特的文明，没有哪一个文明像中华文明这样持久，这样统一一致。世界上其他文明不但互相交错，其创造者也都与高加索体质的人种有关，它们是姐妹文明。在人类历史中，只有中华文明才是独特的，它的创造者是中国土地上的中国人民，与其他任何地方的人民都没有关系，它的文化是统一一致的文化，可以不依赖于其他任何文明而生存，但中华文明也绝不是封闭的，它接受他人的文化，也承担自己对于人类的责任。

　　人类进入新世纪，中国的社会经济发展令世人瞩目。人们对于世界未来的政治和经济结构的估计无不以东亚和太平洋为中心，而尤以中国为重点。

　　经济起飞只是当代中国的一个方面，中国的精神文明的建设尤为刻不容缓。如果中国要自觉地发展中华文明，要有意识地使中国的发展具有世界意义，就必须发展强有力的精神文化，这样才能使中华文明的发展进入一个新的阶段，才能形成中国和中华文明的全面现代化。

而中国的精神文化的发展植根于中华文明的伟大传统之中。进入近代之后，在西方文化的冲击下，对于中国文化的价值产生大量的情绪化和激烈冲突的论调。"五四"运动打倒孔家店的口号具有冲破封建束缚的时代意义，对中国文化的发展有不容否认的正面意义，与文化虚无主义是完全不同的。文化虚无主义者否定中国传统文化，在现代化的旗帜下主张全盘西化；而复古主义则沉迷于中国文化的古董，走进反进步、反科学的泥潭。

历史的发展则超越了所有这些论点，产生这些论调的一百多年来的中国近代史已经结束。历史要求中国发展，要求中国走在全世界发展的前列。西化论和复古论都已过时，历史已经要求世界超越西方，中国可以承担起世界的命运，而中国的现实和世界的历史都说明，中国的使命在于它的发展前进，而非倒退。

中华文明走出迷惘的时代，我们这一代处在一个伟大而具有挑战的历史阶段。

总结历史、展望未来，这就是《话说中华文明》的意义和使命。我们创作《话说中华文明》，力求总结和回顾中华文明的全貌，在内容和形式上都开创一个新的局面。在内容结构上，既具有一定的深度，又具有相当的广博性，既有严谨、准确的学术价值，又有活泼、流畅的可读性。我们在本丛书内容纳了中华文明的各个方面，使它综合了大规模学术著作的系统性、严密性和普及读物的全面性、简易性，它既可作为大型工具书检索中华文明的各个成分，又可作为通俗的读物进行浏览。

我们从上世纪90年代初起就开始思考中华文明的历史和现实问题，并逐渐形成了编著《话说中华文明》的设想。在开展这项庞大的文化工程之始，我们就聘请了国内权威学者李学勤、罗哲文、俞伟超、曾宪通、彭卿云诸先生担任学术顾问，他们对计划作了充分讨论，并审阅了大量初稿。我们聘请了广州、香港地区的社会科学学者、大学教师、研究生以及我社编辑人员几十人担任稿件的撰写工作。

通过创作这部书，我们深深地感受到了中华文明的博大精深，也感受到了它的内在缺陷。中华文明具有辉煌的时期，也有苦难的年代，有它灿烂的成就，也有其不足的方面。中华文明在自身中能够吸取充分的经验和教训，就能够使自身健康壮大，成长发展。

通过创作这部书，我们也深深感受到了出版事业的使命和重任。我们希望这部书能受到广大读者的喜爱，起到它所应当起的作用。为中华文明的反省、前进和奋起作一点贡献。

目 录

唐高宗去世·武则天掌权 / 002
武则天废中宗立睿宗 / 003
徐敬业起兵反武则天 / 004
骆宾王讨武则天 / 005
印染技术迅速发展 / 006
武则天改官制 / 008
武则天杀裴炎 / 009
武则天宠信僧人怀义 / 010
顺陵石刻雕成 / 011
重用告密者、酷吏 / 012
请君入瓮 / 013
武则天受宝图大杀宗室 / 013
武则天改唐为周 / 014
兽医学成熟 / 014
卢照邻去世 / 018
狄仁杰拜相 / 018
始撰《时政记》/ 019
酷吏滥杀岭南流人 / 019
武承嗣罢相 / 020
安金藏剖腹救主 / 021
武懿宗滥杀名士 / 022
诛来俊臣 / 023
契丹败唐 / 023
东突厥崛起 / 024
二张得宠 / 026

THE CHINESE CIVILIZATION

大唐盛世

摩尼教流传 / 027
王玄览援佛入道 / 030
武则天改革政治 / 031
《三教珠英》编成 / 034
设北庭都护府 / 034
始设武举 / 035
魏元忠被贬·张说流放 / 037
张柬之发动政变 / 037
武氏因再次复唐而显赫 / 039
武则天去世 / 040
唐中宗无能 / 041
乾陵完成 / 042
金城公主和蕃 / 045
张仁愿筑三受降城阻突厥南下 / 046
贵妇专权斜封官 / 048
突骑施娑葛被逼叛唐 / 048
韦后杀中宗临朝摄政效武则天 / 049
始置节度使 / 050
李隆基、许诸韦立睿宗 / 051
古星图保存于经卷中 / 052
汉人移民遗葬西域 / 054
神秀开禅宗北派 / 055
刘知几撰《史通》 / 056
刺绣佛像日增 / 057
道教经典汇集成"藏" / 057
慧能创立禅宗南派 / 060
唐玄宗即位 / 062
太平公主谋反被诛 / 064
法藏创建华严宗 / 066
封大祚荣为渤海郡王 / 067
禅宗分化为五家七宗 / 068
破突厥于北廷 / 069
唐三内完成 / 070

目录

姚崇治蝗 / 072
宋璟继姚崇为相 / 074
编校群书于乾元殿 / 076
《开元占经》编成 / 076
推行饮酒礼以思化民俗 / 077
设置市舶使管理外贸 / 078
开元盛世出现 / 080
中印数学交流 / 082
密宗繁盛 / 083
《太白阴经》出现 / 084
渤海吸收汉文化 / 085
《贞观政要》记载政治得失 / 086
宇文融检括逃户 / 089
府兵制解体·开始募兵 / 089
赵柳氏创夹缬法 / 090
第一次实测子午线长度 / 091
一行等作水运浑天仪 / 092
大破吐蕃 / 093
百官春月旬休游宴 / 094
肖嵩挽救河西危局 / 095
裴光庭奏请论资论辈 / 095
唐代开始发行官报 / 096
唐代冶金技术进一步发展 / 097
王希明重建三坛二十八宿 / 098
星图进入日常装饰 / 100
白云子创三戒 / 101
绢帛代钱衰落 / 102
水稻成为第一作物 / 103
宦官势盛 / 106
赐吐蕃以诗书 / 106
行开元新礼 / 107
李林甫为相 / 108
唐玄宗以韩休为相 / 109

THE CHINESE CIVILIZATION

方士张果入宫 / 110
裴耀卿掌运漕米 / 111
刘秩反对开放私铸 / 112
唐玄宗免安禄山死罪 / 113
张九龄罢相 / 113
唐破吐蕃 / 115
外丹道盛极 / 116
炼丹家发现火药三成分 / 120
茶业发展成熟 / 120
唐置监军 / 122
南诏统一六诏 / 123
唐玄宗倡学 / 125
《大衍历》编成 / 126
李白奉召入京 / 129
唐置十节度、经略使 / 131
西突厥降唐·东突厥势衰 / 132
胡人控制兵权 / 133
杨玉环立为贵妃·杨氏显贵 / 134
李林甫口蜜腹剑把持朝政 / 136
杜甫入长安 / 137
唐玄宗崇道 / 138
高仙芝出任节度使 / 139
哥舒翰以数万人代价攻克石堡城 / 140
和阗地毯形成 / 141
笔记兴起 / 142
安禄山势力膨胀谋反叛 / 145
唐人口到达顶峰 / 146
杨国忠拜相 / 147
鉴真东渡 / 148
高仙芝败于大食 / 151

唐朝

THE CHINESE CIVILIZATION

武后行从图（局部）。传唐张萱绘。描绘武则天在宫廷巡行的情景。武则天戴宝珠凤冠，着深青交领宽袖衣，腰系杂佩，显得气度威严。女官们着男装，拥簇其周围。

唐高宗去世·武则天掌权

弘道元年（683）十二月四日，唐高宗李治在贞观殿病死，在位25年，终年56岁。高宗在位期间，在国内推行均田制及垦荒，国家编户数字上升；发展科举制，选用有才能的低品级官吏任宰相，削弱尚书、中书、门下三省长官（宰相）的权力；修定律令格式，令人撰成《唐律疏议》颁行全国。对外则向东消灭百济、高丽，向西消灭突厥贺鲁，使唐朝国家版图扩展到最大。显庆末年（661），因为患风眩头重，眼睛不能看东西，于是让武后参政，形成"二圣"的局面，实际是武则天掌握军政大权，高宗惟点头武则天《升仙太子碑》。武则天撰并书。武则天书法用笔刚柔相济,纵收得体,结字紧严绵密,体相卓然;章法疏淡,如晴空之星月,悠远旷达,"丈夫"亦未必能有此气。

认同而已。十二月十一日,太子李显即位,即唐中宗,尊武后为皇太后,军国大事仍然取决于武后,武后得以临朝称制,为后来改国号为周,自称皇帝奠定基础。

武则天废中宗立睿宗

嗣圣元年(684)正月,中宗李显立妃韦氏为皇后,擢升韦后父亲普州参军韦玄贞为豫州刺史,并想授以侍中职务,中书令裴炎坚决不同意,便告知武后,武后亦以中宗每每以天子自居,便与裴炎等人谋策废除中宗。二月六日,太后命令裴炎、刘祎之、羽林将军程务挺、张虔勖等带兵入宫,宣太后令,废中宗为庐陵王。中宗见武后曰:"我何罪?"武太后说:"汝欲以天下与韦玄贞,何得无罪!"把中宗幽禁在别所。七日,武后立雍州牧豫王李旦为皇帝,即睿宗。妃刘氏为皇后。睿宗在别殿居住,不参与政事。同日,立睿宗长子永平郡王李成器为皇太子。八日,废皇太孙李重照为庶人,并流放韦玄贞于钦州(今广西钦州以北)。

003

THE CHINESE CIVILIZATION

徐敬业起兵反武则天

光宅元年（684）九月，徐敬业起兵扬州，发表讨《选武曌檄》。

徐敬业即李敬业（？~684），曹州离狐（今山东东明南）人，名将李世勣之孙，少从李世勣征战，颇具勇名，历任太仆少卿、眉州刺史、袭爵英国公。光宅元年（684），武后废中宗，立睿宗旦，幽旦于别殿，把持朝政。敬业因赃贬柳州司马，途经扬州（今江苏），碰遇遭贬的给事中唐之奇、长安主簿骆宾王，遂决定起兵反武则天。敬业自称扬州司马，声称奉密诏募兵讨高州叛酋，开设匡复府、英公府、扬州大都督府等三府，集众十万余，以匡扶中宗为号召，发布骆宾王著名的《讨武曌檄》，觅一貌类前太子贤者，奉之为王。楚州三县响应。太后派左卫铃卫大将军李孝逸为扬州道大总管领军三十万讨伐敬业，并下诏毁敬业祖父冢。薛仲璋提出建议，认为金陵有王气，且有长江天险，劝敬业南下取常、润州（均今江苏），以定霸之业，后可进中国，即便不利，亦可退有所归。而魏思温则认为，天下豪杰均不满武氏专政，若率众北进，直取洛阳，天下人定会认为此举是为勤王，必四面响应，可建大功，若蓄缩自谋巢穴，远近闻之，必然解体。敬业斥魏思温之识，而取薛仲璋之言，攻取润州（今江苏镇江）。李孝逸已领大军逼近扬州，敬业回军于高邮之阿溪（今江苏高邮以东）屯驻。十一月四日，武则天又遣左鹰扬大将军黑齿常之为江南道大总管，增援李孝逸。李孝逸屡战不利，缩军不前，后受殿中侍御史魏元忠晓之以安危关键事，乃战，先败敬猷、韦超，又依元忠计，顺风火攻，敬业大败，军七千余被杀，河中溺死者不可胜记。敬业仅轻骑挈妻奔润州，欲渡海投高丽，十八日到海陵（今江苏泰州）被阻，部将杀敬业，唐之奇、魏思温被俘斩，扬、润、楚之州平。

骆宾王讨武则天

骆宾王(约626或627～684后),婺州义乌(今属浙江)人,是唐代诗人,与王勃、杨炯、卢照邻号称"初唐四杰"。

骆宾王才华早露,少时即有"神童"之称。曾为东台详正学士,因事被谪,久戍边疆,调露二年(680),出任临海县丞。光宅元年(684),武则天废中宗李显为庐陵王,并拟自立为皇帝,准备改唐为周。这年九月,徐敬业以匡复唐室为口号,聚众十万,在扬州武装讨伐武则天,骆宾王参加了这一军事行动,被任为艺文令,掌管文书机要。这时他写下了闻名天下、留传后世的《代李敬业传檄天下文》,同年十一月,起兵失败,骆宾王下落不明。

这篇讨伐武则天的檄文倾注了骆宾王的政治热情,同时也显示了他的文学才华。文章首先指出武则天出身卑微,品格恶劣,揭露她的种种秽迹恶行,痛诉罪不容诛,声言势在必讨。"入门见嫉,蛾眉不肯让人;掩袖工谗,狐媚偏能惑主",道出武则天善妒和欺下媚上;"虺蜴为心,豺狼成性,……杀姊屠兄,弑君鸩母",指出武则天心性凶残;已经激起人神的愤怒,为天地所不容,忧虑唐王朝的

骆宾王像

THE CHINESE CIVILIZATION

安危，以此说明了讨伐的理由。

　　文章其次阐明起兵讨伐的宗旨和决心，渲染起兵队伍的声势军威，显示了锐不可挡的士气，又表现了一种必胜的信心。

　　文章最后号召天下仁人志士，明辨是非利害，共同讨伐武则天。他以"一抔之土未干，六尺之孤安在"的君臣之义，希望唐朝旧臣不忘先帝的遗命，共同建立勤王护国的勋业。全篇用"试看今日之域中，竟是谁家之天下"的豪言壮语结尾，气势磅礴，给人以力量。

　　武则天知道是骆宾王所作后，感叹到："人有此才华，未能招致朝廷，皆宰相之过也！"

　　这篇檄文词义严正，气势充沛，笔端带有情感，无论抒情、说理和叙事，都能运笔自如，跟六朝后期一味追求形式美的文风，形成鲜明的对比。

　　"四杰"齐名，是以诗文并称的。骆宾王的诗歌在初唐也极富影响力。他和卢照邻都擅长七言歌行。他的长篇歌行《帝京篇》在当时就已被称为绝唱。这种诗体从六朝小赋变化而来，它吸取了六朝乐府中辘轳辗转的结构形式以及正在发展中的今体诗的对仗和韵律，声情并茂，感染力极强。骆宾王的五律也有不少佳作，如《在狱咏蝉》，托物寄兴，感慨深微，是脍炙人口的名篇。

　　骆宾王文集毁于战火，后中宗令郗云卿集之，名《骆宾王集》，共十卷，其中，赋一卷，诗四卷，文五卷。

印染技术迅速发展

　　唐代，随着纺织技术的迅速提高，纺织品印染工艺也很快发展起来。

　　唐代官府织染署下设六个练染作，分别名为青、绛、黄、白、皂、紫，其中白作指精炼漂练工艺，其余各作分别指染蓝、红、黄、黑、紫五色的。唐代普遍使用植物性染料，其色谱已较齐全。如红色染料主要是红花、苏木、茜草，不同色阶有银红、水红、猩红、绛红、绛紫等五色，黄有鹅黄、菊黄、杏黄、金黄、土黄、茶褐等六色，青、绿也各有五六色之多，连同黑白在内，计有24色之多。

　　唐代印染技术主要有颜料印花、防染印花、碱剂印花几种。颜料印花是用凸花型版或镂空型版将颜料印浆直接印在织物上，以显示花纹。隋唐时，传统颜料印花已向创新型版的多彩色套印和色地印花方面发展，达到了新的高度。1972年阿斯塔那出土的唐代茶褐地绿白印花绢等便是有代表性的颜料印花制品，此绢用两种色彩，印出有间断空心圆圈的大簇花纹，精美华丽。

防染印花有夹缬、蜡缬和纹缬三种。夹缬即夹染，是用两块相同的雕花木版，夹布入染，被夹部分防染，与染色部分形成对比，显出花纹，盛唐夹缬盛行，常用于妇女披巾、衣裙、屏风装饰，日本正仓院今天还保留唐代夹缬屏风。相传玄宗时，柳婕妤的妹妹心灵手巧，善为"夹缬"，自制镂板染出精美的织物。

唐狩猎纹夹缬绢

蜡缬即蜡染，是在织物上先用蜡画出图样，入染后煮热脱蜡，显出白色图样，上有冰裂纹效果，也可用于衣物和装饰物。绞缬即扎染，是用绳将布扎成花纹，入染时扎结部分防染，形成白色花纹，并有晕染效果，制作简便、朴素大方，有朦胧之美。蜡染和扎染方法都被完整地保留在西南少数民族地区的印染工艺中。

碱剂印花是利用碱作拔染剂，在生丝罗上印花，着碱处溶去丝胶，形成白色纹样。这种方法染出的丝织品地色处丝束抱合紧密，手感较硬，色泽较暗，花纹处丝束松散，手感柔和，富有

唐瑞花印花绢褶裙

光泽。这种印染方法既未见于文献记载，也未见于其他时代的实物资料和传统工艺中，是唐代独有的印染方法。阿斯塔那唐墓中出土的原色地白花纹、菱地花树对鸟纹纱、绛地白花纱等都是碱剂印花产品，印染效果独特，十分美观。

唐代印染技术非常发达，运用了色谱齐全的植物性染料和多种印染工艺，在中国印染史上占有重要地位。

武则天改官制

光宅元年（684）九月，武则天附会《周礼》等内容，改易服色官名，以作为其开始改朝换代的象征。

武则天下令八品以下官员，旧服青者改服碧。改东都为神都、宫名太初。又改尚书省为文昌台，左、右仆射为左、右相，六曹为天、地、四时六官；门下省为鸾台；中书省为凤阁；侍中为纳言；中书令为内史；又将原御史台改为左肃政台，专管监察京官及诸军旅，并奉诏出使；又新增置右肃政台，专管地方诸州按察。每年春秋发使，春季称风俗，秋季称廉

武则天乾陵无字碑

察。又令凤阁侍郎韦方质等，删定武德以后至于垂拱诏敕 48 条新格，以监察州县；其余省、寺、监、率之名，均以义类更改；武则天还易旗帜颜色为金色。垂拱元年（685），武则天制定内外九品以上及百姓，可以自荐求仕进。二月，武则天还为扩大言路，命"登闻鼓"，"肺石"无须设防。在东朝堂设"肺石"，在西朝堂设"登闻鼓"，武则天为进一步开言路，避免守卫登闻鼓、肺石限制人民进言，命撤除防守，有槌鼓立石者，即令御史受状奏闻。通过改制，武则天改换朝代的准备更充分了。

武则天杀裴炎

光宅元年（684）九月，武则天疑裴炎图己，将其处折。

裴炎（？~684），绛州闻喜（今属山西）人。少年补弘文生，埋头苦读，拒有司举荐以学未精。居弘文馆十年，精通《春秋左氏传》、《汉书》。擢明经第、补濮州司仓参军，历经御史，起居舍人，黄门侍郎。调露二年（680），授同中书门下平章政事，拜侍中。弘道元年（683），高宗卒，遗诏为中宗辅命大臣，迁中节令。迁政事堂于中书省。嗣圣元年（684），中宗欲授岳父韦玄贞侍中及乳母子五品官。裴炎坚决反对。后呈事于武后，并与武太后计废中宗，立睿宗，封永清县候，后又封河东县男。

顺陵雄狮

THE CHINESE CIVILIZATION

七月，武承嗣等请追封武氏祖为王，立武氏七庙，裴炎谏曰："太后母临天下，当示至公，不可私于所亲。"太后不从，乃建武氏七庙，对裴炎有不悦之色。武承嗣、武三思以韩王李元嘉、鲁王李灵夔位重且尊，请太后诛之以绝李氏宗室之望，裴炎又独自一人坚持不可，太后怒。光宅元年（684），徐敬业在扬州起兵反武则天，裴炎甥薛仲璋亦从徐敬业反。太后问时为中书令的裴炎，该使何策平定叛乱。裴炎认为徐敬业起兵，只以皇帝乃成人，但仍不得亲政为借口，若武太后返政皇帝，徐敬业等将不讨自平。太后不悦。武承嗣、武三思等使监察御史崔詧诬告裴炎，告裴炎受中宗顾命，大权在握，劝太后返政，是有异图，又加上裴炎甥为徐敬业同党，裴炎下狱。裴炎侄年仅十七岁的太仆寺丞裴伷先，上封车见太后，斥太后专权，易嗣子，疏斥李氏，专诸武氏，而裴炎忠正耿直反受诬，劝太后早日返政，保全武氏一族。裴伷先被杖长流。而裴炎于十月八日，斩于都亭，籍没全家，戮及子孙。侍中刘景范、胡文范、大将程务挺等文武大臣上书证明裴炎根本无反意，太后怒捕刘景范、胡文范，斩程务挺。

武则天宠信僧人怀义

垂拱元年（685）十一月，僧怀义得武则天宠幸，为白马寺主，权势炙手可热。

怀义原名冯小宝，在洛阳以卖药为生，因形神伟壮，有臂力，千金公主向武则天推荐，得到武则天宠幸。为了便于出入禁中，武则天令他剃度为僧，成为白马寺主。怀义出入乘御马，朝贵皆匍匐礼谒，甚至武承嗣、武三思也对他执僮仆之礼。怀义恃宠骄横，聚众犯法。垂拱四年（688），武则天让怀义充任监督，拆除乾元殿，建造明堂，又在明堂的北面修筑天堂。所耗费用以万亿计，府库被他耗尽。后来武则天宠幸御医，怀义忌恨，于某夜烧毁明堂和天堂。永昌元年（689）五月，甚至命怀义为新平军大总管，领军讨伐东突厥，至紫河（今内蒙古浑河），不见突厥军，在单于台刻石记功而还，九月，又领兵二十万讨东突厥骨咄禄。武则天宠幸怀义可谓至极。自从焚烧明堂后，怀义心里不安，出言不逊，日益骄恣，武则天渐渐疏远而讨厌他，后来又唯恐怀义有逆谋，密选宫中力大者百余人防备怀义。

顺陵石刻雕成

武则天天授元年（690），顺陵正式定名并扩建完成，其石刻蔚为壮观。

顺陵是武则天的母亲杨氏之墓，位于今陕西省咸阳市东北17.5公里处。唐高宗咸亨元年（670）九月，用王礼葬武则天之母，时称杨氏墓。武则天称帝后改称顺陵。陵园地处平原，面积共约110万平方米，分内城和外城，外城石刻远比内城的精美高大，雕刻时间应在内城石刻之后。其中独角兽、立狮、坐狮更是顺陵石刻艺术的精华。独角兽位于内城处陵墓前正南方约650米处，在道路两侧东西相对而立。两独角兽高与长均为4米多，座高约0.4米。其基本造型是鹿，风格与乾陵翼马兽相似，但顶长独角，足似马蹄，尾巴粗长，肩生双翼，作卷云状。其造型完美，神态端庄，气势恢宏，为唐陵石刻所罕见。独角兽以北155米处，道路两侧有立狮1对，高约3米，长约3.5米，座高约0.5米。东侧雄狮，正在蹑足缓步行进之中，卷鬃虬髯，雄猛威壮；西侧雌狮，昂首挺立，鬃直，口闭，精力内敛。这两处石刻的兽身与底座均是以整块青石雕成，浑然一体，嵌在石础之中。距陵墓东、西、北约400米处，各有坐狮一对，高约3米左右，胸宽1.10米，底座约为半米。6只坐狮基调一致，但形象神态各不相同。东面南侧的坐狮，长鬃纷披，目长口阔，盘屈的长尾有力地甩在背上，舒放而雄健；西面北侧的坐狮，长鬃卷曲，腮髯四张，上唇内卷高翘，狮口大张，舌尖向上勾起，脚上腕趾筋腱凹凸，充满力量，爪锋深陷入石，气势咄咄；北面西侧的坐狮，双眼炯炯有神，目光似炬，獠牙如剑，筋肉暴突，利爪似钢，充满着活力。石刻的布局结构也很不一般化：面南背北的双立狮并列道路两旁，双独角兽则在道旁东西相峙。在均衡、对称、统一的基调中，又有参差错落，富于变化，堪称杰作。

THE CHINESE CIVILIZATION

重用告密者、酷吏

武则天称制后，知道唐宗室大臣人心不服，想以大施诛杀来镇慑他们，特别是从徐敬业起兵造反后，更是怀疑天下人多叛己，因而自垂拱以后，大兴告密之风，任用酷吏，诛杀立威。

凡是告密的人，即使是农夫樵人，武则天也亲自召见，而且臣下不得过问，赏给告密者驿马、五品食或授官爵不等。即使是诬告也不犯法，于是告密之风四起。原以卖饼为业的侯思止，因诬告舒王元名与恒州刺史裴贞谋反，被提升为游击将军、侍御史，而元名被流放，裴贞灭族。

通过告密制度，武则天网罗到一批酷吏，如索元礼、周兴、来俊臣、侯思止、万国俊等，来俊臣与万国俊撰《罗织经》数千言，内容专讲如何告密，诬陷无辜，织成罪状。这些酷吏创造定百脉、突地吼、死猪愁、求破家等骇人听闻的酷刑，许多被告因禁不住严刑拷打而屈招。酷吏又在东都丽景门设置制狱，由来俊臣等主事，入此狱者必死无疑，人称"例竟门"寓意有去无还。酷吏先后杀唐宗室贵戚数百人、大臣数百家、刺史郎将以下官不计其数。一时间，朝士人人自危，相见不敢言语，官员每每入朝，就与家人诀别曰："未知复相见否？"武则天自天授元年（690）七月称帝后，宗室、功臣等政敌已诛杀殆尽，便开始着手惩治酷吏，以缓解民愤，收买天下人心。天授二年，武则天杀酷吏周兴、索元礼以慰天下。神功元年（697），杀酷吏来俊臣，来俊臣被仇家争着咬其肉、掏眼珠、剥皮、剖腹取心、踩踢成肉泥。人人在路上都相互祝贺。长安二年（702），武则天命人复查来俊臣等酷吏之旧狱，被平反昭雪等人很多。自此武则天重用酷吏、告密者才最后结束。

请君入瓮

唐代酷吏周兴（？～691），雍州长安（陕西西安）人，少习法律，为尚书省都事。累迁司刑少卿、秋官侍郎、尚书左丞。自从垂拱元年（685）武则天重用告密者及酷吏以来，周兴屡屡滥杀无辜竟达数千人，创造多种刑法，用刑残酷。载初元年（689）十一月二十三日，上疏奏请武则天去李唐宗正属籍，天授二年（691），有人告周兴与左金吾大将军丘神勣、来子珣谋反，武则天令另一酷吏来俊臣审问周兴。来俊臣问周兴："囚多不服罪，奈何？"周兴当时不知自己已成被告，顺口说道："装囚入大瓮，四周烧炭炙之，必服。"于是，来俊臣命人取来大瓮，在四周用炭烧，对周兴说："请君入瓮。"周兴叩头服罪。武则天因其在帮助自己铲除唐宗室、大臣等政敌中只对自己很忠心，卖力，于是从轻发落，配流岭南。天授二年（691）一月，在赴岭南的道上被仇家所杀。

武则天受宝图大杀宗室

垂拱四年（688）五月，武承嗣献宝图，武则天加尊号为圣母神皇。

武则天喜好祥瑞，垂拱四年（688）四月，武承嗣令人在白石上凿刻："圣母临人，永昌普业"，谎称在洛水获得并敬献给武则天，武后大喜，以石为"宝图"，亲拜洛水，受宝图，告谢天地。武后加尊号为圣母神皇，六月，作神皇三玺。七月，改宝图为"天授圣图"，洛水为"永昌洛水"，改汜水为广武。此后，献宝谄媚者蜂起。

武则天称制，谋夺李氏社稷，削除唐宗室，诸王有才行美名者，武则天更加忌恨，诸王因此密谋匡复帝业。垂拱四年（688）七月，武则天召宗室朝拜明堂，诸王惊疑武后趁时尽诛宗室，于是趁势诈作皇帝玺书，言皇帝被幽禁，请诸王发兵相救。武则天想借此铲除诸王，命令酷吏周兴等审问逼供，迫使

THE CHINESE CIVILIZATION

韩王元嘉、鲁王灵夔、常乐公主自杀，改其姓"虺"，流放霍王元轨到黔州，死于途中。杀江都王绪等。宗室诸王相继诛死，子孙幼者都流放岭南。后又诛杀亲党数百家。唯附马薛绍因太平公主之故，杖一百，饿死狱中。

武则天改唐为周

天授元年（690）九月，武则天登基称帝，改唐为周。唐自高宗死后，武后专权，废中宗李显，立睿宗李旦为帝。

天授元年（690）七月，僧法明、怀义造《大云经疏》，内有女主之文，陈符命，言武则天是弥勒下界，当作人间主。为武则天称帝造理论根据。载初元年（690）九月三日，侍御史傅游艺揣武则天意思，率关中百姓九百人上表，请改国号为周，赐皇帝武姓，则天故作不许，但升傅游艺为给事中。百官及帝室宗戚、百姓、四夷酋长、沙门、道士六万多人又请改唐为周，睿宗皇帝亦不得不上表请改武姓。武则天于是在九月九日，宣布改唐为周，改元天授。十二日，武则天受尊号为圣神皇帝，以睿宗皇帝为皇嗣，赐姓武，以皇太子为皇太孙。十三日，立武氏七庙于神都洛阳，追尊周父王曰始祖父皇帝，平王少子武为睿祖康皇帝。立武承嗣为魏王，武三思为梁王，武氏诸姑姊为长公主。十月，制天下武氏悉免课役。武则天改唐为周长达15年，后于神龙元年（705），被迫逊位于庐陵王李显。

兽医学成熟

我国的畜牧业发展到唐代，已非常兴盛，特别是官府经营的养马业，其规模在当时的世界上是罕见的。首先，表现在相马理论的提出，包括"由外以知内"和"由粗及精"，前者反映了马的外部特征和内部脏器之间的关系，后者则强调了相马的要领技术；其次，完备的马籍制和马印制出现，马籍制主要是为了登记马种的优劣，其中将良马称为左，驽马称为右，马印制则是在相马理论及马籍制的基础上，根据马的不同等级，在身上打上相关的烙印，

唐代灰陶质粉彩卧牛

以示区别；再则，在牲畜后代繁殖方面，规定了种马的标准，"戎马八尺，田马七尺，驽马六尺"，并主张从大宛、波斯等国引入良种马，以改良内地马种，对现今的养马业仍有较大影响。

在畜牧技术的基础上，唐代又发展了较先进的兽医学。

首先，是创建了兽医教育。唐王朝在中央政府和监苑牧场中分别设有行政的畜牧兽医官员和专职兽医师。民间的兽医更多，他们除做兽病防治工作外，还兼任畜养技术的指导。兽医的培养，民间是父子、师徒相传，政府则大太仆寺设立了兽医教育机构，《旧唐书·职官三》记载："太仆寺设兽医博士四人，学生百人"，这可以说是世界上最早的兽医学校。在太仆寺一些兽医博士写的教材的基础上，唐宋室司马李石负责编撰了兽医学专著《司牧安骥集·骨名图》，这是我国现存最古老的一部兽医学专著。其出现表明我国畜体解剖学在唐代已经形成。畜体解剖学是从事针灸和外科治疗家畜疾病的基础科学。

THE CHINESE CIVILIZATION

针灸治病要取得理想的疗效，首先决定于选取的穴位是否准确，穴位选正确后，则针刺手法和针尖所到的部位就成为关键，而这都得依靠骨骼来定位。唐代人已从针刺的"得气"上认识到骨节与神经之间位置上的关系。

针灸学在唐代取得了引人注目的成就，如对针灸穴位的位置和治疗范围已有较深刻的临床实践认识；提出"看病浅深、补泻相应"的治疗原则和针刺手法；讲究针具和适应症，指出针灸时的放血原则。另外，烙画法治病在此时期也已发展到一个较高阶段，能根据部位和所患的病症，选用各种形状的烙铁进行烙治。这些都说明兽医在以上列举的治疗方式范围中，技术已趋成熟。

外科学取得的进步更为显著，当时已总结出 16 种蹄病的病因、病机、病变、症状和治疗方法，如"焊药疗法"和"冷敷理疗法"不仅在过去是先进的，在今天也值得进一步研究和发扬。

唐朝

691~700A.D.

692A.D. 周天授三年　如意元年　长寿元年

一月，武后引见举人，悉加擢用，由试凤阁舍人至试校书郎有差；试官自此始。二月，吐蕃党项万余人来降，分置十州。

693A.D. 周长寿二年

正月，令宰相撰时政记，月送史馆；时政记自此始。九月，武后加尊号曰金轮圣神皇帝。

696A.D. 周天册万岁二年　万岁登封元年　万岁通天元年

新明堂成，名曰通天宫。五月，营州契丹李尽忠、孙万荣等起事，七月，改李尽忠为"李尽灭"，孙万荣为"孙万斩"。八月，曹仁师等战契丹于硖石谷，大败，全军几尽。十月，李尽忠死，孙万荣代领其众。

697A.D. 周万岁通天二年　神功元年

张易之、张昌宗人侍武后。四月，铸九鼎成，共用铜五十六万零七百余斤。六月，诛酷吏来俊臣，其肉尽为仇家所啖。奚人叛孙万荣相攻，唐兵乘之，万荣大败，逃至路水东，为部下所杀。

698A.D. 周圣历元年

九月，立卢陵王为皇太子，更名显，命为元帅击突厥，狄仁杰副之。

700A.D. 周圣历三年　久视元年

腊月，命西突厥竭忠事主可汗斛瑟罗镇碎叶。三月，以吐谷浑青海王宣超为乌地也拔勤忠可汗。五月，改元久视。武后去"天册金轮大圣"之号。六月，命张易之等修三教珠英。契丹将李楷固、骆务整来降，使之击平契丹余党。闰七月，吐蕃扰凉州，围昌松，唐休璟大破之。九月，西突厥弩失毕部阿悉结薄露反唐，旋平。

700A.D.

英格兰诺森布里亚僧比德（约673~735年）约在此时著《英格兰人民宗教史》。比德为八世纪时英格兰最伟大之学者。

尼德兰独立之公国于此时已逐渐兴起，其中以布拉班特为首要。

芬人约在此时进入今芬兰地。

阿拉伯人征服阿尔及尔。希腊语取代拉丁语成为拜占廷帝国官方语言。

THE CHINESE CIVILIZATION

卢照邻去世

卢照邻（约635～约689），字升之，自号幽忧子，幽州范阳（今河北涿县）人。唐代诗人。十余岁跟从曹宪、王义方学习《苍》、《雅》。博才多学，善作文章，尤其擅长七言歌行，与王勃、杨炯、骆宾王合称"初唐四杰"。曾任邓王府典签、新都尉。后因病辞官，隐居太白山，吃丹药致使手足残废，著有《释疾文》、《五悲文》等。武则天曾聘为贤士。他在仕途上坎坷，不得志，后又"染风痹症"，投颖水自杀身亡。曾在《释疾文》中云：高宗崇吏治，而己学于孔墨，武后崇尚刑法，而己晚年独钟于老庄。抒发其虽胸怀大志，却不能有所作为的遭遇。有文集20卷，已佚。后人重辑其作成《幽忧子集》。他的诗多忧怨愁苦之作，其中以《长安古意》为佳作，被称为初唐巨制。

狄仁杰拜相

狄仁杰像

天授二年（691）九月，狄仁杰拜相。

狄仁杰（607～700）字怀英，太原人。唐代名臣。年少时就胸怀大志，勤奋好学，后以明经入仕，历任大理寺丞、侍御史、刺史、宰相等职。仁杰一生断案无数，无一不审核周详，秉公处理。武则天平定越王贞（豫州刺史）反叛后，狄仁杰任豫州刺史，当时治越王贞党羽，株连六七百家，五千余口，大理寺催促他行刑，而仁杰密奏这些多是无辜而受连累的人，武后听从他的建议，改为流放丰州（今内蒙五原西南）。狄仁杰以耿直直谏而出名，高宗时，大将军权善才误斩昭陵柏树，高宗想杀他，仁杰据理力争，权善才被改为流放。仁杰重民生业，力革弊政，在任宁州刺史时，调和戎夏关系，颇受尊敬，在任江南巡抚使时，奏毁湟祠1700余所。武则天想建造大像，费功数百万，狄仁杰痛斥弊端，武则天认为他是正确的，才罢免了简役，天授二年（691）九月，狄仁杰拜相，武后问仁杰："卿在汝南（豫州），甚有善政，卿欲知卿者名乎？"仁杰答道"陛下以臣为过，臣请改之；知臣无过，臣之幸也，不愿知谮者名"。武则天深叹他的宽洪大量，更加重用仁杰。

始撰《时政记》

《时政记》是唐代每日记载廷议奏对的记录。在则天以前，廷议奏对均不作记录。虽永徽（650～655）年以后左、右史对仗承旨，但仗下谋议，皆不预闻，无从记之。长寿二年（693）正月十七日，文昌左丞、同凤阁鸾台平章事姚璹奏请宰相撰《时政记》，请自今以后，仗下所言军国政要，由宰相一人专事撰录，号为《时政记》，每月封送史馆。武则天奏准，宰相撰《时政记》由此开始。

酷吏滥杀岭南流人

长寿二年（693）二月，有人告岭南流人中有人阴谋造反，武则天令时任司刑评事的酷吏万国俊前往岭南按查。万国俊到广州，将岭南流人全部召来，矫托圣旨赐流人自尽，流人均呼号喊冤，不服，万国俊就将岭南流人驱赶至水边尽数斩杀，一朝杀了300余人。万国俊伪造反状上奏，武则天对万国俊所为甚是满意，擢升为朝散大夫，又派刘光业、王德寿等人分赴五道按问流人，这批人因见万俊国多杀流人得功受升，便争相仿效，其中刘光业杀700人，王德寿杀500人，少的也不下百人。

武承嗣罢相

武承嗣是武则天亲侄，武则天即皇后位后，贬杀承嗣父武元爽，伯父武元庆，立承嗣为武居父武士彟之后，拜尚辇奉御，袭周国公，迁秘监书，礼部尚书，不久，以太常卿同中书门下三品，参预政事。垂拱初（685），以春官尚书同凤阁鸾台平章事，又改纳言，任文昌右相，封魏王。武则天临朝称制，废中宗，立睿宗，武承嗣劝武则天改唐为周，谓

载初年间的绢画《双童图》

武氏当有天下，意让则天传国于己，并请尽诛李唐宗室诸王及大臣中不依附己者，又使党羽张嘉福等上表请武则天立自己为皇太子，但大臣岑长清、格辅元等人极力反对。

如意元年（692）五月，夏官尚书李照德密言于太后，认为武承嗣权太重，既是亲王，又为宰相，恐怕对帝位有所图，古时即有子弑父之事，何况侄于姑。而且，皇嗣是陛下之子，当传天下于子孙以为历业，岂能以侄为嗣，从古到今没听说过侄为天子而为姑立庙的。武则天听后，方有所悟，8月16日，任承嗣为文昌左相、同凤阁鸾台三品为特进，罢知政事。武承罢相，从此便怏怏不乐，圣历元年（698）怨恨而死。

安金藏剖腹救主

长寿二年（693）一月，太常工人安金藏为救皇嗣李旦，剖腹示诚。

690年，武则天改唐为周，自承帝位，立睿宗李旦为皇嗣，立皇太子为皇太孙。李旦虽深居东官，极少露面，但仍数次遭诬谤。甚至差些罹大祸。长寿二年（693）正月，武则天宠爱的户婢团儿因有憾于李旦，使谮诬旦的妃子刘氏、德妃窦氏二人诅咒武则天，则天下令斩之。李旦不敢有丝毫怨言，形容如常，团儿又欲诬害李旦，则天手下人说团儿居心不正，则天杀团儿，李旦才得免。一月，少府监裴匪躬，中官范云仙私自拜谒皇嗣李旦，被腰斩。李旦自此不得见公卿以下。又有人告李旦有异谋，则天令酷吏来俊臣审讯李旦的随从，随从均不堪忍受酷刑，均想自诬谋反，太常工人安金藏执佩刀剖腹来表明皇嗣李旦无反意，五脏俱出，流血遍地。

安金藏像

武则天令御医纳入五脏，以桑皮线缝之，敷药，经过一晚才苏醒。武则天亲自前往探视安金藏，叹道："吾有子不能自明，使汝至此。"即命来俊臣停止审问，皇嗣李旦得以幸免。

THE CHINESE CIVILIZATION

武懿宗滥杀名士

万岁通天二年（697）正月，武懿宗捏造罪名，滥杀海内名士数十家。

武懿宗是武则天伯父武士逸之孙，受封为河内王。自天授六年（690）年以来，常奉旨审讯刑案，此人心狠手辣，滥施酷刑，时人谓其与臭名昭著的酷吏周兴、来俊臣不相上下。通天二年（697）正月，凤阁舍人王勮兼天官侍郎时，用刘思礼为箕州刺史。刘思礼跟从术士张憬藏学相面，憬藏称思礼当至太师之位，思礼认为要居太师必定要佐命他人方能成，于是诬告洛州参军綦连耀谋反，以天术阴结、拉拢朝士，劝朝士诬告綦连耀以换取荣华富贵。时西京明堂尉吉顼闻知，上告东都合宫尉来俊臣，俊臣上呈，武则天令武懿宗审讯。武懿宗对朝中忤逆其意之人怀恨，便诈令刘思礼诬告诸臣便可免死。刘思礼因而牵强附会，诬攀凤阁侍郎同平章事李元素、夏官侍郎同平章事孙元亨、知天官侍郎事石抱忠、刘奇，给事中周潘，以及王勔，兄泾州刺史王勮，弟监察御史王助等36家，均为海内名士。武懿宗施毒刑以成其狱。通天二年（697）正月二十四日，下诏36家皆族诛，亲党连坐流放达千余人，待忤逆武懿宗之人皆除，便收刘思礼入狱。

唐《牧马图》。吐鲁番阿斯塔那188号墓出土，墓主人鞠仙妃是"晨摇彩笔、晚弄琼梭"的绘画和织绣能手。该墓共出土牧马屏风八扇，这是其中的一扇，可能是鞠仙妃生前的手笔。从画面上可看到，画家用刚柔相济的线条勾画出那些骠肥体壮的骏马，马神态矫健而驯顺。以牧马为题材的绘画，盛唐时期甚为流行，但遗留至今的作品已属罕见，牧马屏风可谓稀世珍品。

诛来俊臣

来俊臣（651～697），雍州万年（今陕西西安人），天授年间（690～692），因告密有功，任为侍御史，后按诏狱数称旨，升左台御史中丞。来俊臣生性残忍，设立推事院，大兴刑狱，专掌东都洛阳丽景院，凡入其中者，必注醋于鼻，掘地为牢，非死不得出。又与同党作《罗织经》，内容专讲如何诬告和用酷刑逼供。前后被他族杀冤死者有一千余族。与侯思之、王弘义等结党，同恶相济。万岁通天二年（697），欲告武氏诸王及太平公主，又欲诬皇嗣李旦、庐陵王李显与南、北衙同反，企图夺取国权。诸武氏王、太平公主等先发制人，告发来俊臣罪，有司议谋叛罪处极刑，武则天欲赦之，内史王及善、宰相吉顼相继谏武则天，告其聚结党徒、诬陷忠良、贪赃枉法。六月初三，武则天下诏杀之。这一天，仇家争哒其肉，剥其面皮，剖其腹取心，踏成肉泥。武则天知道世人都憎恨他，下诏历数其罪恶，诛灭其族，籍没全家。士民皆相庆贺。

契丹败唐

万岁通天元年（696）五月，营州契丹左领军将军兼松漠都督府都督李尽忠，及其内弟，永乐县公，右玉钤卫将兼诚州刺史孙万荣，因不堪忍受营州都督赵文翙的任意凌辱，杀赵文翙起兵反唐，占营州、攻河北，旋即拥众数万。

武则天派左鹰卫大将军曹仁师，右金吾卫大将军张玄遇等将讨伐契丹。八月，契丹放俘虏回去诈称军中饥寒交迫，等官军到来就投降。曹仁师等中计，领轻骑贸然前进，在西硖谷遭伏击，几乎全军覆没。十月，李尽忠死，孙万荣领所有部众，屠掠冀、瀛等州，河北震动。万岁通天二年（697）三月，清边道总管王孝杰领兵17万人伐契丹，两军对阵东硖石谷。但后军总管苏宏晖害怕契丹兵众，弃甲而逃，王孝杰无后援，战不利，

THE CHINESE CIVILIZATION

被契丹迫坠崖而死，全军死亡殆没。五月，武则天又派右金吾卫大将军武懿宗为神兵道大总管，娄师道为清边道副大总管，领兵 20 万伐契丹，在赵州闻契丹军将至冀州，委弃军资，契丹占赵州，大肆屠杀。此时，突厥默啜应孙万荣之邀共击幽州，但突厥已与唐军通好，乘机攻陷契丹军资储备地新城，孙万荣军心大乱，奚人叛孙万荣，与唐军抄其后路夹击契丹，孙万荣率数千随从往东奔逃，受前军总管张九节迎头阻击，孙万荣的奴仆斩其首而投降，契丹叛乱平定。

东突厥崛起

东突厥汗国颉跌利施可汗骨咄禄在位时，势力有增，拥众数万。天授二年（691）骨咄禄卒，其弟默啜继为可汗。长寿三年腊月攻灵州，杀掠士民。天册万岁元年（695），武则天分别遣僧怀义、王孝杰等领兵击突厥。十月，默啜请降，授左卫大将军，归国公，赐绢物大量。万岁通天元年（696）九月，突厥以军数万攻凉州，俘都督许钦明。二年正月，犯灵州；二月犯寇州，被平狄军副使安道买击破。三月，契丹大敌王孝杰军，武则天欲以安抚计稳突厥，先定契丹。册立默啜为可汗。默啜又请为则天子，愿以女嫁唐诸王，则天均许。后默啜又请赠帛、农具、种子、铁，并求予河曲六州降户及单于都护府地，则天不许，默啜怒怨，则天无法，因欲借其力平契丹，只好同意默啜之请，如数给之。默啜遂于九月，助官军偷袭契丹巢穴新城，终平契丹。自此，突厥得人、得地、得农资，生产力日益发展，国势益强。圣历元年（698）八月，突厥责朝廷五大过后发大军进河北，武后以武重规为天兵中道大总管，右卫将军沙吒忠义为天兵两道总管，幽州都督张仁愿为天兵东道总管等领兵三十万伐突厥，又令左羽林卫大将军闾敬容为天兵西道后军总管，将兵十五万为后援。二十六日，突厥犯飞狐（今河北涞源），二十八日占定州，杀刺史孙彦高及民官数千人。九月十一日，突厥围赵州，长史唐般若叛，刺史高睿被俘斩。十七日，武后命太子为河北道元帅伐突厥，狄仁杰副之，实际领军，军威大振。突厥乃杀掠赵、定州民数万归，还漠北，拥兵四十万。圣历二年（699）立弟咄悉匐为左厢察，侄默矩为右厢察。立子匐俱为"小可汗"

唐 朝

618～906A.D.

新疆萨里木湖岸边的突厥人墓遗址。

领兵四万，号"招西可汗"欲兼并西突厥。自此，日益加急扰中国。武后于四月，任魏元忠检校并州长史，充天兵军大总管，御幽、并二州。久视元年（700）十月，改萧关道大总管宇朔。十二月，突厥掠陇右（今兰州、西宁一带）监中所养官马万余匹归去。自此，东突厥国力大盛。

二张得宠

张易之，张昌宗，义丰（今河北安国），两兄弟皆年少美貌，通晓音律，万岁通天元年（696），太平公主先推荐昌宗入宫服侍武后，昌宗又荐兄易之，兄弟二人皆得幸于武后。久视元年（700）六月，武后改安置内嬖的控鹤监为奉宸府，任易之为奉宸令，多选美少年为奉宸内供奉。太后每内殿曲宴，辄引易之兄弟等饮博嘲谑，不拘君臣礼节。二张亦常傅朱粉、穿锦绣，服侍在太后的身旁。昌宗人称"六郎"，累迁散骑常侍；易之称"五郎"，官司卫少卿。其母臧氏、韦氏俱拜太夫人，赏赐颇多，甚至敕凤阁侍郎李迥为臧氏私夫。武后年已七十四，宠二张远过薛怀义。武承嗣、武三思、武懿宗、宗楚客、宗晋卿等皆候易之门庭，争执鞭辔。武三思称昌宗是王子晋（神话中相传周灵王太子，喜吹笙作凤凰鸣，后登仙升天）身后，武后高兴，命昌宗穿羽衣，吹笙、乘木鹤于庭中，文士皆赋诗赞

唐屏风画残片

美。武后年事已高，政事多委二张，二张恃宠纳贿卖官，竞相豪侈，陷害大臣。一次，有薛姓者贿50两金子及相关资料给张昌宗之弟洛阳令张昌仪，谋求官职。张昌仪将此人资料交天官侍郎张锡，张锡遗失资料，张昌仪亦记不起薛某名字，便滥口将应选者中姓薛的50余人皆封予官职。大足元年（701）邵王重润与妹永泰郡主（皆太后嫡孙、孙女）及郡主夫武延基（太后侄孙）私议二张不宜自由入宫中。易之告太后，太后怒，9月3日，逼令三人自尽。后太后疾重，二张恐祸及己，暗地勾结党羽。

摩尼教流传

唐代实行开放政策，中国与世界许多国家交往频繁，西来宗教通过各种途径传入中国，推动了中西文化的交流，丰富了唐代文化，也使盛唐文明远播西方。摩尼教就是其中之一。

摩尼教于3世纪时由波斯人摩尼创立。它在琐尼亚斯德教（即拜火教）的基础上，又择取基督教和诺斯替教等教义融合而成，并创立了一套独特戒律和寺院制度。该教崇奉四大尊严，奉《彻尽万法根源智经》、《净命宝藏经》、《赞愿经》、《娑布罗乾》为主要经典；以"二宗三际论"为基本教义，"二宗"是指光明与黑暗两种对立的力量，"三际"是二宗在过去、现在和未来三个发展阶段中的力量对比变化；以三封、十诫为主要戒律，三封指口封、手封、胸封，即言禁、行禁、欲禁，十诫是不拜偶像，不妄语，不贪欲，不杀生，不奸淫、不偷盗、不欺诈、不二心、不怠惰，日日按时祈祷和实行斋戒忏悔；教团中分教师、教监，牧僧、选民（正信教徒）和听众（一般教徒）五教阶。

摩尼教创立之初在波斯广为传播，后却受到祆教（拜火教）的排斥，被视为异端，摩尼也被处死。摩尼死后，其教义迅速传至北非、南欧和亚洲一些国家，成为中世纪一个世界性的宗教。

公元6至7世纪，摩尼教经陆上丝绸之路，由西域传入中国唐朝，先到新疆，后至内地。

延载元年(694)，即武则天称帝第五年，波斯国人拂多诞携带摩尼教经典

THE CHINESE CIVILIZATION

摩尼教经典残片（正面）。波斯人摩尼以明、暗二宗说创教，二宗经成为摩尼教的主要经典。延载元年(694)，二宗经传入中国，后又有汉译本流行于世。

摩尼教经典残片（反面）

摩尼教徒写经场面。摩尼教东传,在唐朝中期呈极盛局面,信徒多为回纥人。

泉州摩尼教遗址。泉州华表山元代草庵,是目前世界上唯一完整保存下来的摩尼教遗址。摩尼教是波斯人摩尼在公元三世纪创立的宗教,公元七世纪传入中国。

THE CHINESE CIVILIZATION

来中国朝拜，女皇武则天召见了他，因佛教界称摩尼教为伪教，即命他与僧徒辩论。拂多诞大讲摩尼教教义，武则天听后非常赏悦，便留他在朝中讲经。这即是摩尼教正式传入内地，并受到朝廷合法认可的开端。

开元七年(719)六月，吐火罗国支汗那王帝赊，上书唐玄宗，盛赞慕阇(中亚摩尼教团中高级僧侣)智慧幽深，无所不知，能预测君国大事，传授摩尼教法，请求皇帝允许他设置法堂进行传教。开元十九年(731)六月，玄宗任命拂多诞在集贤院翻译《摩尼光佛教法仪略》。据敦煌石室所存该经的残卷考察，《摩尼光佛教法仪略》所宣扬的摩尼教教义中已融合了道教和佛教的思想资料，形成中国摩尼教的新特点。其中有一段介绍老子化摩尼的经文，把中国道教的教祖也转入摩尼教的大轮回之中。还有宣称"三教混齐，国归于我"的观点，将释迦、摩尼视为一体，老子又是转世的末摩尼，用道教、佛教解说摩尼教法，可见摩尼教在中国流传中逐步佛教化的倾向，在道教佛教的影响下，形成了主摩尼、释迦、老子三圣同一的新论。开元二十年(732)，玄宗颁布敕令，说摩尼教是"妄称佛教"的"邪见"，应当"严加禁断"，但对摩尼教徒不能治罪。这样摩尼教一度被禁止传布。肃宗宝应元年(762)，帮助唐朝廷平叛的回纥牟羽可汗在洛阳屯兵时遇摩尼师睿思等四人，即将他们带回漠北。并在元和(806～820)之后达到鼎盛。而唐朝廷也早在代宗大历初年(766)解除了对摩尼教的禁令，使得摩尼教从大历三年到元和年间，从京师长安扩展到今山西、河南、湖北、江西、江苏、浙江等广人地区，许多地区都建寺传教，摩尼教遂成为仅次于佛教的外来大宗教。

武宗(841～846)时，摩尼教遭到惨重的打击，长安及天下诸州的摩尼寺被封闭，摩尼教徒部分遭杀害，部分被勒令还俗，外国教徒则送远处收管。自此后，摩尼教在内地衰微，仅在西北和东南沿海秘密流传。

王玄览援佛入道

王玄览(626～697)，原名晖，法号玄览，号洪元先生，唐初道士、道教学者，曾博览佛、道二教经典，探索其中精奥。其谈经论教之言辑录成《玄珠录》2卷传世。

唐代的道教，受到当时发展壮大的佛教和唐代灿烂辉煌的思想文化的影响，进一步向义理化发展。王玄览的学术思想源于道家而杂有佛教色彩，是当时以神仙信仰来阐发老庄思想和用佛教唯心主义来充实道教理论的代表人物之一。他仿照佛学中"佛"与"众生"非一非二的命题，认为"道"先于"众生"而存在。为论证神仙长生的道教信仰，他对"道"进行了神化阐，认为"道"是宇宙的本体，是永恒不变的存在，即"万物禀道生。万物有变异，其道无变异"。"道"这个不生不灭、万物众生的本体，并不在人心之外，人心中就有"道性"。"道性"生万物，就是心生万物。他认为"心生诸法生，心灭诸法灭，若证无心定，无生亦无灭"。他将一切事物看作是由人的内在意识所产生和决定的，"心之与境，以心为主"，"十方所有物，并是一识知。是故十万知，并在一识内"。这些思想明显地吸收了佛教中玄奘创立的唯实宗的"历法唯识"、"唯识无境"的观点。王玄览在道教的教理教义中糅合了佛教的唯心主义思想，进一步认为修道成仙的要旨在于修得一个清净不变的"识体"，才能使"真体"不死，也就是他所说的"识体是常是清净"，"非是清净真体死"。

王玄览援佛入道充实了道教理论，足唐代道教义理化趋势的一种表现。

武则天改革政治

武则天是中国历史上唯一的女皇帝。在她统治期间，社会经济仍能不断进步发展，这和她对政治的改革有很大的关系。

武则天初为太宗才人，后为高宗皇后并处理国家大事直至最后自立为帝，当政40年之久，长期的宫廷生涯培养了她杰出的政治才干。她称帝后，马上抑士族，举庶族。她看到由于贫富分化的加剧使大批庶族地主涌现出来，他们由于没有政治实权深感不满。于是为了打击唐氏宗亲，换取庶族支持，她重修太宗所订《氏族志》并更名《姓氏录》，庶族地主及有功军卒均被列人。这样就打破了士族与庶族之界限，提高了出身低微的官员的地位，获得了广泛支持。

科举制在武则天当政时有了进一步巩固。唐太宗曾对科举制评价说："天下之士，尽入吾彀矣！"但太宗时的国家大事主要由士族处理，而武则天则使

THE CHINESE CIVILIZATION

泥宣俑

庶族地主在军机要事上也有发言权,这从形式到实际都进一步提高了庶族地主的政治地位。

武则天还能广开才路,不拘一格提拔人才,借以扩大政治基础,巩固武周政治。她提倡自下往上荐举人才,并亲自接见所举之人。武则天有敏锐的政治眼光,提拔了不少有才之士,如狄仁杰、张柬之、姚崇、宋璟等,这些名臣在玄宗时都得到重用,甚至几十年后的唐朝统治者对她的此举也赞叹不已。武则天的提拔人才措施是符合新兴的庶族地主的要求的。

武周政治的一大特色就是严厉镇压反对派。武则天重用酷吏,对反对者严刑重法,奖励告密,而且她诛杀的范围相当宽,酷吏如来俊臣,竟用烧红的瓮对犯人逼供,手段之残忍也所罕见。她奖励告密,只要告密,就以授官,不实者也不追究。唐宗室贵戚,不论官职大小,不论行政人员还是军事贵族,都遭到沉重打击。这些举措确实打击过宽,但客观上它极大地巩固了武则天的统治,加强了她对中央政权的控制。

武则天对中央集权加强的举措,保证了唐王朝的稳定和繁荣,她统治期间介于"贞观之治"和"开元盛世"之间,起到了承上启下的作用,尤其为"开元盛世"做了进一步的准备,这也是她加强中央集权的最大的历史意义所在。

唐朝

701~710A.D.

701A.D. 周大足元年长安元年
十一月,以郭元振为凉州都督。元振到州,筑要垒,开屯田,在边十年,军粮充足,牛羊被野。

702A.D. 周长安二年
陈子昂被诬,死狱中。

703A.D. 周长安三年
吐蕃南部乱,赞普器弩悉弄击之,死于军中,诸子争立。

705A.D. 唐中宗神龙元年
正月,张柬之等拥太子显,杀张易之、张昌宗等,武后寻传位太子,上武后尊号曰则天大圣皇帝。二月,复唐国号,立妃韦氏为皇后。武后死,遗制去帝号,称则天大圣皇后。

706A.D. 唐神龙二年
闰正月,太平等七公主皆开府,置官属。五月,钦州蛮杀韦后兄弟四人,命广州都督杀之殆尽。武三思诬张柬之等谋反,流放,张柬之等死。

709A.D. 唐景龙三年
七月,突骑施娑葛请降,拜钦化可汗,赐名守忠。小雁塔建成。

710A.D. 唐景龙四年少帝唐隆元年睿宗李旦景云元年
六月,帝食饼中毒死。立温王重茂为皇太子,寻即帝位,是为少帝;韦后临朝摄政,南北军诸要司皆命韦氏子弟。谋害相王旦,旦子临淄王隆基结禁军豪士起事,杀韦后及其徒党。诸韦死者甚多,武氏宗属亦流窜殆尽。寻迫少帝逊位,相王即位,是为睿宗,立隆基为皇太子。金城公主嫁与吐蕃赞普弃隶蹄赞。刘知几著成《史通》。

709A.D.
阿拉伯大将屈底波征服布哈拉、撒马尔罕。西域诸国纷纷向中国乞援。

710A.D.
日本定都奈良,不再屡迁。
阿拉伯北非总督穆萨以少数阿拉伯人渡海入西班牙作试探性之劫掠。
罗德里克成为西班牙内尼哥特最后一位国王。

THE CHINESE CIVILIZATION

《三教珠英》编成

唐长安元年(701)十一月十二日,《三教珠英》编成。

唐圣历二年(699),宫内设置了控鹤监一职,久视元年(700)又改称奉宸府。太后武则天每天都召来二张、诸武和奉宸供奉诸美少年,在宫中饮酒、赌博,互相嘲虐,荒淫享乐。为了掩饰自己的秽行,太后命令二张找来许多文人墨客在内殿修撰《三教珠英》一书。圣历初年(698),太后先以《御览》、《文思博要》等书所收集的资料多不完备为借口,命令张宗昌召来李峤、阎朝隐、徐彦伯、薛曜、员半千、魏知古、于季子、王无竞、沈佺期、王适、徐坚、尹元凯、张说、马吉甫、无希声、李处正、高备、刘知几、房云阳、宋之问、崔湜、常元旦、杨齐哲、富加谟、蒋凤等26人一同撰写。所参考的书籍,除旧书以外,还加入了佛、道两教关于事理、典故的书籍,故收名为"三教珠英"。成书后由麟台监张宗昌领衔将书进献给太后。该书共1300卷,目录13卷,称得上是宏篇巨著。开成初(836),《三教珠英》改名为《海内珠英》。可惜到了宋代这部书只剩下3卷,至今已全部佚失。

设北庭都护府

长安二年(702)十二月十六日,武周开始设置北庭都护府,管辖天山以北的西域地区。贞观十四年(640),唐灭高昌并以此地为西州。随后打败西突厥,又以可汗浮图城为庭州。龙朔二年(662),唐政府为加强原昆陵都护府辖区的统治,维护天山以南地区的安全,在西州设置舍山都护

库车古城遗址。新疆库车古城遗址,为唐朝在西域设立的安西都护府治所所在。

府,但很快又转由北庭都护府管辖,垂拱元年(685),武后重新设立昆陵都护府。但由于都护阿史那元庆统御无方;为有效管理天山北麓广大疆域,唐在庭州设立了北庭都护府,最初管辖盐、治等16番州,景云二年(711)升为北庭大都护府,与安西大都护府分管天山北南,镇括天山以北.巴尔喀什湖以南,远至两湖流域的西突厥14姓部落及各蕃国等地区。

始设武举

为了进一步加强国力、军力,巩固边防,抵御日盛的外侮,武则天于长安二年(702)正月,首创武学考试制度。

武学系文、武两种科举制度之一。但是由于朝野向来重文轻武,所以武学不及文学为朝廷所重视,况且朝廷本来就是被文人书生出身的大臣们所把持着,靠武学入仕为官一般都前途渺茫。于是国民均提倡习文而不尚武,人

龟兹古镇遗址。唐朝在西域设立安西都护府并建置了龟兹、疏勒、于阗、碎叶四镇。图为龟兹古镇遗迹。玄奘西行取经时曾拜谒过这里的古寺遗存。

THE CHINESE CIVILIZATION

花点和馕。丝绸之路多穿行在沙漠中,"上无飞鸟,下无走兽"。在这样的道路上旅行,首先要自备水和食品。左图为新疆阿斯塔那唐墓中出土的各种面食花;右图为同一处出土的有维吾尔族饮食特点的馕。这些食品可能就是当时丝绸之路上的主要食用干粮。

民身体非常羸弱,军士与剽悍的外族军队交战时常吃败仗。武则天有感于此,于是决定创立武举,以扭转这一不利局面。武举考试通常规定有射箭、马枪、翘关、负重、角力等各项,还要检阅身材、言语等,以综合检验考察应试者的力量、武艺、言辞等多方面的素质。考试成绩各分为"上"、"次上"和"次"三等。经过一系列较为严格的考试,获得好成绩的举子才能被朝廷委任相应的官职。

  合格者将受乡饮酒礼并被送至兵部封官。以后玄宗开元年的12年制举"将帅科"、15年制举"武足安边科",都是当年武举制度的进一步发展,它为唐代开元盛世国力的日益强大及国民经济的发展都起到了较大的促进作用。

魏元忠被贬·张说流放

按魏元忠做洛州长史时，洛阳令张昌仪倚仗诸兄的势力，每逢上衙参见，总是满不在乎地直接走进长史办公厅。魏元忠见到这个情状，喝令他退下。魏元忠还杖杀过横行于洛阳的张易之家奴。后来，魏元忠当了宰相，坚决反对张易之的弟弟昌期为雍州长史，又面奏太后，斥责张易之兄弟是小人，太后很不高兴，诸张对他也痛恨至极。

适逢太后生病，张昌宗担心太后一旦去世，自己难免被魏元忠诛杀，于是造谣说，元忠曾私下和司礼丞高戬议论，说太后老了，不如投靠太子能持久。太后听后，大怒，将元忠二人下狱。昌宗私下拉拢凤阁舍人张说，许以好处，请他证实元忠说过这话。然而凤阁舍人宋璟等力劝张说，张说受到激励，在廷辩中俱以实对，讲出自己确实没有听说元忠向高戬讲过那些话，都是昌宗逼他做假。易之、昌宗兄弟于是诬陷张说与魏元忠共同谋反。太后大怒。这时满朝沸然，许多官员上书太后，指出元忠的忠正、张说的罪出无名以及易之兄弟的小人专恣。结果，太后还是贬魏元忠为高要尉，高戬、张说也都流放岭南。

张柬之发动政变

神龙元年(705)正月，张柬之发动政变，推翻武则天。

久视元年(700)狄仁杰死前，曾推荐张柬之为宰相。长安四年(704)九月姚元之再荐张柬之，称柬之"沉厚有谋、能断人事"，当年十月二十二日，武后任命张柬之为宰相。这年张柬之已80岁。

神龙元年(705)正月，武后卧病洛阳迎仙宫的长生殿，病情渐重，张柬之等人想乘机诛杀张氏兄弟，拥立太子即位。然而武后宠信二张，只许二张侍立床前，太子、宰相及外臣都不得入内，张柬之等人决定以武力行事。柬之

THE CHINESE CIVILIZATION

唐代丝织品蹙金绣半臂。在红色织物上以蹙金法用金线边铺边钉而成,色彩艳丽,是研究唐代服饰的实物资料。

任命杨立琰为右羽林将军,接着又任命司刑少卿桓彦范、中台右丞敬辉及右散骑侍郎李湛为左右羽林将军,统率禁兵。他还争取到忠心报唐的右羽林卫人将军李多祚的支持。张柬之联络好各路人马后,又和宰相崔玄暐、相王府司马袁恕己和敬晖、桓彦范商议政变事宜。恰巧姚玄之从灵武来,柬之又把这件事告诉了他。太子去探视太后的病情时,彦范、晖将恢复唐室的计划密陈太子,得到了太子的同意。

二十二日,柬之、玄暐、彦范与右成卫将军薛思行等率左右羽林兵500多人先到北门(玄武门),派多祚、湛及附马都尉王同皎去东宫迎太子。太子不愿出来,唯恐此事会使武后受到惊吓,且戏戒各位要为自己的将来考虑。李湛说:"各位将相都不顾家族来保卫国家,殿下为什么要将我们置于死地?请殿下亲自去平息这件事。"太子知道传位给自己已不可更改,只能出来。于是同皎扶太子上马,联合柬之、玄暐等人从玄武门夺关斩将而入,到迎仙宫,杀张易之、张宗昌于廊檐下,随后进入武后所寝长生殿,请武后顺天人之望,传位给太子。武后耿耿于怀,但已无能为力。李显(即唐中宗)复辟后,以张柬之、袁恕己等为宰相,将武后迁往上阳宫,尊称武后则天大圣皇帝。10个月后,武则天凄凉地死在仙居殿。

武氏因再次复唐而显赫

神龙元年(705)二张被斩杀,太子李显复位,为中宗,五臣(张柬之、崔玄晖、袁恕己、敬晖、桓彦范)执政,洛州长史薛季昶、朝邑尉刘幽等提醒柬之,铲除武三思,柬之没有听从。

二十五日,中宗即位仅二十日,就任命武三思为司空,同中书门下三品(拜相),上官婉儿为婕妤(后拜昭仪),专掌诏命。婉儿与三思私通,又将三思推荐给韦后,三思于是能够出入禁中,亦得到中宗的信任,中宗常常与他谈论朝政。后来,三思的儿子娶了安乐公主,中宗还屡次微服临幸三思的府第。张柬之渐渐有所醒悟,向中宗进谏,希望中宗诛杀诸武,遭到拒绝。武三思与韦后日夜进谗诋毁张柬之等,说他们恃功专权,对国家没有好处。中宗深信不疑,封张柬之等5人为王而罢其政事,表面尊宠功臣,实际夺其权。此后大权全部落入武氏手中,而时距中宗复辟只有4个月。

神龙元年(705)五月,敬晖等5人虽已封王罢政,但仍居洛阳。不久,又都出任刺史。武三思私下派人书写皇后的丑事,张贴在天津桥(今河南洛阳西),却诬陷是敬晖、桓彦范、张柬之、袁恕己、崔玄晖等人所为,名为废后,实为谋反,应该灭全族。中宗因为曾赐他们5人铁券,免他们的死罪,于是将他们流放到贫瘠荒凉的地方。

韦后因为太子重俊不是自己所生而厌恶他。武三思尤其忌恨太子,安乐公主与驸马武崇训也常凌侮太子。太子积愤难平,于神龙三年(707)七月六日与李多祚等矫制发羽林兵300多人,将三思、崇训斩于府第。

随后太子与多祚带兵进宫城,扬言要抓上官婉儿。终因中宗听信婉儿之言,以为太子想除掉他而带韦后、安乐公主、婉儿等避过兵变。李多祚贻误战机,以致兵变失败,李多祚被杀,太子率百骑逃向终南山,也被左右杀害。

THE CHINESE CIVILIZATION

武则天去世

中宗即位的次日，太后武则天就由迎仙宫徙居上阳宫，第二天，中宗就带领百官拜见太后，尊称她为"则天大圣皇帝"，以后每十天去一次上阳宫向太后请安。

武则天去世是在神龙元年(705)十一月二十六日，享年八十二(624～705)。太后遗诏"去帝号，称则天大圣皇后"，王皇后、肖淑妃二族及褚遂良、韩瑗、柳奭亲等都赦罪。魏元忠素称忠直，武三思惧怕他，于是假借武后遗诏，赐元忠实封百户。元忠感激涕零，人们知道他不敢再谈论武姓的事了。

武后遗诏要与高宗合葬乾陵。给事中严善思上疏，认为尊贵的人先葬，地位低的人不应再葬入，这样会惊动尊贵的人，恐怕不稳妥；而且自古以来，皇后多不与皇帝合葬，希望在乾陵旁边，再造陵寝安放武后，百官详细讨论后，中宗下诏，遵从武后的遗愿合葬。神龙二年(706)五月十八日，葬则天大圣皇后于乾陵。

神龙玄武门兵变，虽说是废周复唐，最终的实质是母亲将帝位传给儿子，与寻常的改朝换代并不相同。何况武后临终自愿除去帝号，称皇后，与高宗合葬乾陵，所以整个李唐朝代，后代的李氏君主都对武后尊崇备至。

乾陵神道

乾陵前景

乾陵石狮

唐中宗无能

中宗复位以后,于神龙元年(705)二月十四日,立妃韦氏为皇后。当初,中宗被废为庐陵王时,同韦氏一起被幽闭十多年,中宗曾私下里对韦氏发誓说如果他幸免于难,再见天日,事后你喜欢做什么都可以,他决不加以限制。中宗为帝后,韦氏果然干预朝政,就象高宗在世时的武氏一样,桓彦范上表提醒,中宗都不听。

深得武后与中宗信任的上官婉儿,与武三思私通后,又将三思推荐给韦后。张柬之等多次劝中宗诛杀诸武,中宗不听,以致后来武三思独揽朝廷大权,祸国殃民。

中宗优柔寡断,良莠不分,他信任奸佞,重用胡僧、术士,皇太子重俊、

永泰公主墓前室

谯王重福，因不是韦后所生，遭到韦后的忌恨，最后皇太子谋反被杀，谯王也被贬为均州刺史。武三思与韦后私通，卖官鬻爵，培植心腹。王同皎、韦月将等向中宗揭发武三思的所作所为，反被斩首、流放。长宁、安乐诸公主骄纵不法，常常指使僮奴劫掠百姓的子女为奴。中宗不但不治她们的罪，还任她们胡为。安乐公主是韦后在流放房州途中所生，所以中宗特别喜爱她，安乐公主因此恃宠骄恣，卖官鬻狱、穷极豪奢、势倾朝野。中宗对她的非分要求，虽不听从，但也不加谴责。安乐公主还请中宗立自己为"皇太女"，中宗无丝毫责备之意。当时人都称中宗为"和事天子"。

景龙四年(710)四月，定州人郎岌，许州司兵参军燕钦融都上书中宗，称韦后、宗楚客将要谋叛。结果郎岌被杖杀，钦融也被楚客矫诏杀害。中宗对此事没有追问下去，但心里郁郁不乐。于是韦后及其党羽开始感到忧惧。

安乐公主希望韦后临朝，自己就能当皇太女，于是同韦后合谋在饼中放毒，杀害中宗。中宗死后，韦后密不发丧。一切安排就绪后，韦后临朝摄政。但韦后虽然毒死丈夫，却夺位不成，十几天后就被李隆基所杀。

乾陵完成

唐光宅元年(684)，唐高宗李治葬于乾陵，中宗神龙二年(706)，重启墓道，将皇后武则天合葬于此，乾陵完成。

乾陵墓址位于今陕西省乾县北约6公里的梁山上。梁山三峰耸立，墓室位于最高峰北峰正中山腰上。乾陵利用天然地势，依山为陵，居高临下，规模宏大，气势雄伟。从南部山下开始，修筑了三道门。在南部山脚下有东西二门阙，是第一道门。上行至对峙二峰，山上有阙的基址，二峰间有瓦砾残片，可知这是第二道门址。自此向北，一路可见望柱、飞马、朱雀各一对，石马五对，戴冠

乾陵龙马。是乾陵石刻中最具特色的作品。双翼的线条流畅优美，富有装饰性，作品是写实性、理想性和装饰性相结合的范例。

乾陵六十一王宾石人像，是武则天为了纪念参加唐高宗葬礼的少数民族首领和外国特使们而特地刻制的。石人的头部大多已毁，仅有两尊残存头部，高鼻深目，显然系中亚和西亚人的形象。石人的背部还刻有国名、官职和姓名。从六十一王宾不难看出，唐代通过丝绸之路与西域各国的友好交往以及各国遣唐使云集长安的情景。

THE CHINESE CIVILIZATION

着袍佩剑的石人十对和石碑一对。碑后有阙楼基址，这里是陵墓的第三道门，已到北峰范围之内。以残存遗址看，门阙都有子阙。阙门内排列着60尊石像，身份都是外国君王、使者及地方少数民族政权首领。石像背后铭刻着国名、人名。再往北就是乾陵围墙的南门——朱雀门，门内有石人、石狮各一对，门内是祭礼的主体，尚有献殿遗址。朱雀门两侧各有一块石碑，东侧是"无字碑"，西侧叫"述圣碑"。述圣碑碑文是武则天为高宗歌功颂德所撰写，这是我国陵墓建筑中最早的歌功颂德碑。从南山下第一道门起，直至献殿前的道路，是乾陵的神道，长达四公里，如此长的神道在以前诸帝陵中尚未见。神道两侧布列的石人、石像，就象大朝会时的仪仗，威风凛然，雕造规模之大，数量之多，实为唐陵中首屈一指。

乾陵围墙近似于方形，围绕梁山主峰和地宫而建筑，四面正中各辟门址，按四神方位，名称各为：东称青龙门，西叫白虎门，南为朱雀门，北是玄武门。四门前各有1对石狮，北门还有1对石马（原有3对）。四门形制相同，门址宽约27米，门前有2土阙，存残木柱和柱眼。残存遗址显出门楼是三出阙土木结构，楼基和墩台均系夯筑，外用砖包砌，墩台上建楼。陵墙内总面积约230万平方米，规模非常宏大。

乾陵的布局保持了秦汉帝陵以墙垣围绕的形制。同时，利用一峰独尊，群山围拱的地形，把神道设在南峰的南北走向的岭脊上，形成纵列的轴线，使陵墓的地上建筑紧密与环境结合。

目前为止，乾陵尚未发掘，地宫内部形制不明。但从已发掘的陵区前陪葬墓情况，仍可见乾陵形制的大概。据记载，高宗及武则天的近亲与功臣陪葬墓有17座，现存土冢8座，已发掘的有永泰公主墓、章怀太子墓、懿德太子墓、薛元超墓、李谨行墓等五座。这几座墓的内部结构基本相同。

乾陵的陪葬墓中出土有大量的三彩陶俑，有武士、文臣，男女侍从、伎乐、骑马、牵马、马、骆驼俑及镇墓兽等，还有各种器皿和家禽模型。人俑神态各异，有的吹笛，有的纵马扬鞭。出土的三彩俑光泽如新，后人可从这里一睹唐三彩的风采。

金城公主和蕃

景龙元年(707)四月,唐中宗允诺吐蕃赞普弃隶蹜赞的请求,将所养雍王守礼(章怀太子之子,中宗嫡侄)之女金城公主嫁给赞普。

神龙三年(707)三月,吐蕃皇太后因当时北方突厥为患,为避免腹背受敌,派大臣悉薰热进献方物,为她的孙子求婚。中宗被迫许婚。

景龙三年(709)十一月,吐蕃赞普派遣大臣尚赞吐等1000多人前来迎娶公主。第二年(710)正月,中宗命左骁卫大将军杨矩送她与公主入蕃。中宗也

唐骑马女俑

THE CHINESE CIVILIZATION

唐仕女图

渡过渭河到始平县亲自送别公主，在百顷泊设帐殿，款待王公宰相和吐蕃使者。席间，中宗谈及公主尚年幼即要远嫁时（当时赞普也仅十四岁），不禁唏嘘悲泣。于是命众臣赋诗为公主饯行，场面凄凉。后来，中宗将始平县改名为金城县，将百顷泊改名为凤池乡怆别里，杨矩也被任命为鄯州（今青海省西宁乐都）都督。

公主到了吐蕃以后，赞普为她另筑一城居住。金城公主爱好文艺，带去几万匹锦缯，还有许多工艺书籍、乐工杂技。吐蕃赞普弃隶蹜赞在给唐皇帝的信中说："外甥本是先皇帝的舅宿亲戚，又承蒙皇恩赐予金城公主为妻，汉藏就如同一家，天下百姓也全都安享太平。"

张仁愿筑三受降城阻突厥南下

景龙二年(708)三月，朔方道大总管张仁愿在黄河北岸筑三受降城，断突厥南下之路。

唐神龙二年(706)沙吒忠义被突厥默啜打败。第二年十月，朝廷命令左屯卫大将军摄御史大夫张仁愿任朔方道大总管，抗击突厥。

唐朔方军与北突厥以黄河为界。景龙元年(707)，张仁愿趁默啜率西击突骑施河北空虚之机，先夺取漠南地（今内蒙伊克昭盟），后在黄河北岸筑三受降城。三受降城首尾相应，以拂云祠所在地为中城（今内蒙乌拉特前旗与包头市之间），东受降城在今内蒙古托克托以南，离中城300里，西受降城在今内蒙杭棉后旗乌加河北岸，距中城380里。张仁愿又在中受降城东北的中头朝那山北拓地300多里，设置烽候1800所，使东西呼应，并派吐蕃降将沧弓仁领兵防守。以后突厥再不敢渡河畋牧，北方不再受扰掠，戍守的唐兵也减少了几万人。

朔方总管张仁愿

阳关遗址的古烽燧

THE CHINESE CIVILIZATION

贵妇专权斜封官

朝廷的贵妇安乐公主、长宁公主、韦后小妹妹郕国夫人、上官婕妤、婕妤的母亲郑氏等都依仗权势，卖官卖爵。即使是屠沽奴仆，只要花费30万钱，就可以弄到皇帝用墨笔书写小任官便条，这样的便条都用斜封从侧门交到中书省，当时的人称这种官为"斜封官"（与中书省黄纸朱笔正封的敕命不一样）。

当然，斜封的这类官员，大多是员外，同正（所谓"与正员同"）、检校、试、摄、判、知之类，达到了数千人之多。因此，西京和东都各设了两个吏部侍郎，称为"四铨"（相对吏部的"三铨"而言），专门办理选拔、注册斜封官之事宜，而每年参选斜封官竟有几百人。

斜封官对国家的危害是很明显的。但由于这些官职并不通过中书、门下两省，而是直接授予的，所以这两省的官员敢怒不敢言，只能宣布让有关部门处理此事。当时，只有吏部员外即李朝隐前后共批驳了斜封官1400多人，弄得朝廷上下一片埋怨诽谤之声，但朝隐却无所畏惧。

景云元年(710)六月二十八日，朝廷任命许州刺史姚元之为兵部尚书（中书门下三品），七月八日，又擢升洛州长史宋璟为检校吏部尚书（中书门下三品）。八月，姚、宋二位宰相与御史大夫毕构一起向睿宗进言，主张废除前朝所封的斜封官。睿宗采纳了他们的谏言，于15日罢免斜封官几千人。

突骑施娑葛被逼叛唐

景龙二年(708)十一月，突骑施酋长娑葛攻陷安西，被逼叛唐。

从圣历二年(699)突骑施乌质勒派子遮弩入见以来，其领土已东北与突厥默啜为邻，西南与西域诸胡相接，东南到了西州、庭州，斛瑟罗旧地也归他们所有。于是，唐承认了这个既成事实，于神龙二年(706)闰正月二十九日封突骑施乌质勒为怀德郡王。当时，郭元振由凉州都督升任安西大都护，与乌质勒坦诚相处，融恰无间。乌质勒死后，其子娑葛代父成为酋长统军，仍封怀德王。

乌质勒的旧将阿那史阙啜忠节不服,唐右威卫将军周以悌劝忠节贿赂宰相宗楚客,请求派安西兵联合吐蕃兵一同打击娑葛。元振听说这件事后,加以反驳,认为这样做的结果只能导致唐朝廷失去十姓、四镇,但宗楚客受了贿赂当然不听。

景龙二年(708)十月娑葛闻讯后,即自立为可汗,大举入侵安西、拨换、焉耆、疏勒,攻陷安西,占领四镇,并写信给元振说:"我对唐朝帝国本来没有恶感,只是和阙啜有仇。宗楚客受了贿赂,想消灭我的部落,我怎么能坐以待毙?"朝廷得知事情的真相后,将周以悌流放到白州(今广西博白县),赦免了安葛,并将他册封为十四姓可汗。第二年七月,突骑施娑葛请降,又被封为钦氏可汗,赐名守忠。

韦后杀中宗临朝摄政效武则天

景龙四年(710),韦后与安乐公主毒杀中宗,中宗于六月二日暴死于神龙殿,时年55岁。韦后密不发丧,第二天召诸宰相进宫中,征调府兵5万人驻守京城,自己总理朝政。又派左监门大将军兼内侍薛思简等率兵500人速奔均州,防备谯王重福,以刑部尚书裴谈、工部尚书张锡同为中书门下三品,仍驻东京留守;同时任命吏部尚书张嘉福、中书侍郎岑羲、吏部侍郎崔湜同为平章事,分理朝政,同一天,太平公主与上官昭容密谋草拟遗诏,立温王重茂为皇太子(中宗的幼子,非韦后所生),由皇后知政事,相王旦参谋政事。

宗楚客私下里对韦温(韦后堂兄)说:"相王辅佐朝政,于情理不合。况且叔嫂间不相通问,将来坐在朝堂上,他们怎么相处呢?"于是,宗楚客就率领各位宰相,请求罢免相王,由皇后独自临朝,让相王做太子太师。

九月四日,中宗的棺木被移到太极殿,朝廷召集百官正式发表,韦后仿效武后临朝摄政,立温王重茂,大赦天下,改元唐隆,任命相王旦为太尉,雍王守礼为豳王,寿春王成器(相王长子)为宋王,以顺应人们的愿望。韦后也象武后当年一样,让韦氏子弟统领南北军及诸要司,任命韦温总知内外守捉兵马事。五月,皇太子重茂即位,是为少帝,尊韦后为皇太后,仍参与

THE CHINESE CIVILIZATION

朝政。

韦后临朝后，宗楚客和诸韦都劝她学习武后，革唐命，韦温、武延秀、安乐公主等人也想除去相王、太平公主，然后废少帝，以成大事。然韦后摄政仅十几日，相王旦的第三个儿子隆基就联合禁军豪士，与太平公主等起兵入宫，杀死韦后、安乐公主等及其党羽。

始置节度使

唐边城遗址

景云元年（710）十月二十日，幽州镇守经略节度大使薛讷（薛仁贵之子）被任命为左武卫大将军兼幽州都督。唐自此开始设置节度使。

有的史家认为，设置河西三使或贺拔延嗣充任河西节度，是唐代节度使得名的开始。但前者是景云元年十二月，后者更是到了景云二年四月，远在恭讷之后，所以唐代节度使这一名称，实际应始于薛讷。

按照唐朝的规定，只要是任命亲王为节度大使而亲王本人不在职位上处理日常事务、而是仍居京城为官的，都要在所镇守的地方另行设"副大使"一职。其他的节度使下面，也可以设置节度副使，帮助节度使处理日常事务。

唐代设立节度使一职，

050

对稳定边疆，加强边防起到了一定作用，但也为后来节度使拥兵自重，不受调管乃至起兵叛乱种下了祸根。

李隆基、许诸韦立睿宗

景龙元年（710）六月，李隆基发动兵变。诛杀诸韦，拥立其父相王旦继位。

相王的第三个儿子李隆基时年25岁，一向对韦后专权深怀不满。但他虽有才力，却不露峥嵘，所以诸武、韦后和宗楚客等人都没有防备他。隆基曾住潞州（今山西长治）别驾，回到京师后，他暗聚才勇之士，以图匡复李唐社稷。

兵部侍郎崔日用平素依

唐玄宗李隆基

附武、韦，与宗楚客关系也不错，知道楚客等人的计划后，害怕受到牵连，就悄悄告诉了李隆基，劝他先发制人。李隆基于是和太平公主及公主的儿子卫尉卿薛崇简和禁苑总监钟绍京等人谋划，准备抢先动手。正苦于无兵之时，恰好羽林万骑果毅葛福顺、陈玄礼、李仙凫等人因为不堪忍受韦播、高嵩等人的污辱，来向隆基诉苦。隆基于是劝他们帮助自己诛杀诸韦。

景龙四年（当时已改元唐隆）六月二十日傍晚，隆基微服与幽求等人潜入禁苑，在钟绍京住处相会，等候羽林将士。当时，羽林军都驻守在玄武门，葛福顺、李仙凫先到隆基处请示起事口号，一到二更天，就拔剑冲入羽林营，斩韦播、韦璇、高嵩，然后率领左右羽林军万骑精兵分两路斩关而入。葛、李攻到凌烟阁前会合后，依照事前的约定大喊大叫。隆基则和幽求等人出了禁苑南门，后面跟着绍京所率领的200多执锯斧工匠。一行人到达玄武门外

THE CHINESE CIVILIZATION

时已是三更天，听到凌烟阁的喊叫声后，隆基就领着羽林兵、禁苑工匠破门而入。在太极殿守卫中宗棺枢的卫兵，闻声都披甲接应。韦后大惊失色，仓惶中逃进"飞骑"营，被斩杀。安乐公主正在照镜画眉，也被军士斩首。接着武延秀、上官昭容等均被谋杀。

当时少帝也在太极殿，幽求想立即废了少帝，立相王，受到隆基的阻止。隆基下令关闭宫门及京城门，擒杀诸韦及其亲党，杀韦温、宗楚客兄弟等几十人，凡韦氏亲族尽斩不饶，连襁褓中的婴儿也不能幸免于难。

李隆基发动兵变几天后，拥立他的父亲相王旦继位，是为睿宗。710年10月20日，改元景云，封已废的少帝为温王。

古星图保存于经卷中

隋唐时期，天文学十分发达。人们在提高天文历法水平的同时，也加强了对天文观测、星体描绘工作。

唐代开元时人王希明作《步天歌》，继承了古代天体三垣和二十八宿的

敦煌卷子星图，抄写时代约在唐代。将紫微垣画在以北极星为中心的圆形平面投影上。

唐敦煌卷子星图。星图的画法从十二月始，按照每月太阳所在的位置，分十二段，把赤道带附近的星，利用圆筒投影的办法画出。恒星的画法分别用黑点和圆圈涂黄色表示。

星图体系，加上他的实际观测，按三垣二十八宿重新规划了全天可见的星官，从而建立了中国古代流传最久的三垣二十八宿体系。

由于岁月久远，这些星图大多失传。近来人们在敦煌经卷的整理过程中，发现有一幅古星图完好地保存在经卷中。

星图大约绘制于唐中宗李显时期（705～710）图上共有1350多颗星，分别用圆圈、黑点和圆圈涂黄三种方式画出。画图方法为：从十二月开始，根据每月太阳位置，沿黄、赤道带分成12段，紫微垣以南诸星，用近似墨卡托圆筒投影的方法绘出，然后再在以北极为中心的圆形平面投影上绘出紫微垣。从星图下面的文字推测，太阳的每月位置并非在绘图时实测，而是沿用了《礼记·月令》的说法。此图现为英国伦敦大不列颠博物馆收藏。

敦煌古星图是全世界现存古星图中星数较多而又较为古老的一幅。它反映了中国古代文文学方面的杰出成就，对研究中国古代天文学史具有重要的参考价值。

THE CHINESE CIVILIZATION

汉人移民遗葬西域

西域，一般指玉门关（今甘肃敦煌西北）以西的地区。唐朝在西域设有安西、北庭两个都护府。随着中原各王朝在西域行政权力的实施，两地在政治、经济、文化上关系不断密切，两地人民交往也不断深入。

二十世纪初，在新疆维吾尔自治区吐鲁番东南约40公里的阿斯塔那及哈拉和卓附近，南邻高昌城的地方，发现了西晋至唐代高昌城居民的公共墓地，称为阿斯塔那墓群。1959年以来，考古学家进行发掘，清理出西晋至唐大历年间的墓葬近400座，出土了数以千计的珍贵文物。通过对它们的分析研究得知，墓主大多是居于此地的汉人，少数是汉化的兄弟民族人。

从墓葬形式看，阿斯塔那墓群的墓葬皆为土洞墓，有的墓绘有壁画。晋至十六国时期（3～6世纪）的壁画以描写地主庄园生活内容为主，绘画风格与河西魏晋墓壁画相近；唐长安年间（701～704）以后的墓中发现的一批壁画与绢画，则以表达贵族优裕生活为主要内容，画面多用条幅式屏风，时间较早的以人物为主题，时间较晚的则偏重于描绘花鸟，其风格、技法与同时期中原地区唐墓壁画相近。

从出土的随葬品来看，有陶（泥）、木质的俑和器皿，各种织品、文书以及各种雕塑和手工品等。其中唐西川时期（7世纪中～8世纪中）的陶俑类别已与中原地区的唐墓略同，出土的仿织品极多，尤以丝织品最丰富。东晋、北朝时期，工艺最复杂的是织绵，其中联珠禽兽纹绵最多，而这在中原地区也极普遍。在阿斯塔那墓群中，还出土了数千件晋至唐代的汉文文书，有契约（租佃、买卖、雇佣、借贷）、籍帐（户籍、计帐、受田帐、定户等）、官府文书（审理案件的辩辞和录案、授官授勋的告身等）私人信扎，经籍写本等，其内容涉及政治、军事、经济、思想文化及生活诸方面。

神秀开禅宗北派

禅宗相传于南北朝时期由南天竺来华传法的禅僧菩提达摩所创,是在中国佛教史上影响最大,彻底中国化了的一个佛教流派,以禅定概括全部修习。禅宗传至五祖弘忍的弟子神秀和慧能时,对达摩禅法的理解发生了根本的分歧,神秀主张渐修,慧能提倡顿悟。禅宗由此分化为北南两派。

神秀(约606～706),俗姓李,汴州尉氏(今属河南)人。年青时遍览经史,隋末出家,后于蕲州双峰山东山寺拜禅宗五祖弘忍为师,深受器重,为上座弟子、"教授师"。后来在弘忍选择继承人时,神秀因作

立禅图

谒语"身是菩提树,心如明镜台,时时勤拂拭,莫使惹尘埃"而不得弘忍认可,未能成为嫡系传人。弘忍死后神秀赴江陵当阳山玉泉寺传授禅法,开禅宗北派,声誉盛隆,四海僧俗慕名而至,并深得武则天及中宗敬重,死后被赐谥"大通禅师"。

禅宗北派继承了道信、弘忍以心为宗的传统,认为"一切佛法,自心本有",反对慧能南派"将心外求",主张"拂尘看净,方便通经",即逐渐领会,逐渐贯通的"渐悟"方法,与慧能在南方创宗传布的"顿悟"流派相对立,时称"北秀""南能",北渐南顿,神秀所作《大乘五方便》(一作《北宗五方便门》)、《观心论》在门下流传,其弟子普寂、义福阐扬其宗风,曾盛极一时。后在宗派争斗中,慧能南派影响日趋扩大,神秀北派因不能适应当时佛教徒舍繁趋简之势,在神秀死后经数传即告衰微。

THE CHINESE CIVILIZATION

刘知几撰《史通》

唐景龙二年（708），著名史学家刘知几撰成《史通》一书。它是中国古代第一部系统的史学评论著作。

刘知几（661～721），字子玄，唐徐州彭城（今徐州）人。武则天长安二年（702）开始担任史官，历任著作佐郎、左史、著作郎、秘书少监、太子左庶子、左散骑常侍等职。中宗景龙二年（708），因不满于当时史馆制度的混乱及监修贵臣对修史工作的横加干涉，毅然辞去史官职务，退而私撰《史通》。

《史通》20卷，分内篇和外篇两部分。内篇着重阐述了史书的体裁、体例、史料采集、表达要求和撰史原则；外篇论述史官制度、正史源流、史家杂评、史著得失，并简略地表述了作者对历史的见解。

在《史通》中，刘知几回顾了我国长期的历史撰述历程并作了理论上的分析。关于史书的内容，他认为史书是史家对客观历史的认识及概括，提出了"记言之所网罗，书事之所总括"的理论命题，敏感地认识到史家主观意识同客观历史之间存在着一定的关系，史书应该包括典章制度的沿革和国家盛衰存亡的原因等重要内容。在方法论上，强调谨慎地采摘材料的重要性，史家必须严肃地审查和采辑有关文献，摆脱地域、门阀等其它外界影响。在体裁上，刘知几具体论述了纪传和编年二体优劣，得出了"各有其长，并行于世"的结论。在语言上，他提出"美"、"工"、"简要"三点是史书文字的美学原则，要求用简练、浅显的文字，表达出深刻的思想，同时强调用"当时口语"，"从实而书"，不失"天然"。在撰述原则上，他提出了"直书"和"曲笔"两个概念作为区分史家撰写史书品格的要素以及由此产生的迥然不同的社会效果。这种社会效果就是要唤起人们的"内省"和"思齐"的教育作用。在史才理论上，刘知几第一次提出了史家必须具备史才、史学、史识即"史才三长"的论点。三长之中，最重史识。

刺绣佛像日增

刺绣,通称"绣花",是我国传统的民间手工技艺,以绣针引彩线,按设计的衣样,在丝绸或布帛以及麻布上运针刺绣而成。唐代的刺绣作工精巧,色彩华美。唐代是刺绣针法大规模创新的时期,当时运用的针法已有戗针、撒和针、扎针、蹙金、平金、盘金、钉金箔等多种,其中戗针和撒和针的出现,使刺绣作品能制作出色彩退晕和晕染效果,再配合以各种平绣针法,反映物象的纹理质感,刺绣艺术的表现力大大丰富。

唐代刺绣的佛像日益增多,所绣佛像气派庄严,神态奕奕。武则天(623~705)晚年时,曾命绣工绣制净土变相图四百幅。日本持统帝六年(692)陈列于药师寺讲堂中的巨幅阿弥陀净土变大绣帐,高二丈、长二丈一尺八寸,上绣阿弥陀佛,胁侍菩萨像等百余尊,可能是当时仿效中国的净土变相图刺绣而成。1907年,A·斯坦因从敦煌莫高窟盗走了大批中国文物,其中有一幅唐代辫绣佛像,一丈多长。另有一幅绣帐灵鹫山释迦说法图,全用平绣法绣成,上绣释迦牟尼立于莲座上,旁边侍立二佛二僧,头顶上有两个飞天;下面有男女供养人像。

道教经典汇集成"藏"

道教经籍的总集称为"道藏"。道教开创之初,经书不多。魏晋以后,随着道教的倡行,道书日益增多。因此在两晋以后,陆续编纂经目,汇集道经,汇辑成"藏",最早在唐开元年间。其时,唐玄宗下诏派使法搜访道经,并亲自过目,参与探讨,列其书为"藏",《三洞琼纲》,计3744卷(一说5700卷),名为《开元道藏》。天宝七载(748)唐玄宗诏令传写《开元道藏》,以利广泛传播。《开元道藏》为道教史上第一部道书总集。

道藏所集经书,按其渊源和传授系统的不同,分三洞、四辅、十二类编

THE CHINESE CIVILIZATION

排、三洞即洞真、洞玄、洞神三部，承袭了南北朝时陆修静《三洞经书目录》题名。三洞为道经中最重要的三个部类，道教认为，"三洞经符，道之纲纪，太虚之玄宗，上圣之道经"。四辅是对太清、太平、太玄、正一的总称。据《道教义枢》及《云笈七签》的记载，太玄为洞真经之辅，太平为洞玄经之辅；太清为洞神经之辅；正一部贯通三洞和三太（即太清、太玄、太平），遍陈三乘，为以上六部之补充。三洞之下各分十二类，总为三十六类经，亦称三十六部。据《云笈七签》及《道教义枢》称，十二部指本文类、神符类、玉诀类、灵图类、谱录类、戒律类、威仪类、方法类、众术类、记传类、赞颂类以及章表类。

　　道藏的三洞四辅十二类的分法，既反映了道经传授系统，又反映了道书实际内容，是一种双重标准分类体系。

唐朝

711~720A.D.

711 ~ 720A.D.

712A.D. 唐太极元年　延和元年　玄宗李隆基先天元年

八月，睿宗传位太子隆基，自称太上皇；隆基即位，是为玄宗，改元先天。
华严宗实际创始人法藏卒。

713A.D. 唐先天二年　开元元年

七月，太平公主结宰相等阴谋废帝，帝与郭元振等先发，杀助逆者，赐公主死；以宦官高力士有功，破格命为右监门将军，知内侍省事；宦官之盛自此始。禅宗六祖慧能卒。

714A.D. 唐开元二年

正月，令京官有才识者除都督、刺史，都督、刺史有政迹者除京官，出入常均，永为恒式。又选乐工教法曲于梨围，选伎女置宜春院。诏沙汰僧尼，还俗者万二千人。吐藩请正二国封疆，然后结盟；六月，吐蕃使其宰相献盟书。

715A.D. 唐开元三年

十一月，命郭虔瓘兼安西大都护、四镇经略大使，募兵万人，赴安西。拔汗那为吐蕃与大食所侵，其王奔安西求救；张孝嵩等发兵援之，大捷，康居等国皆遣使请降。

716A.D. 唐开元四年

吐蕃请和，许之。十月，突厥跌跌等部降者多逋归毗伽可汗，发兵追之，斩获三千级。画家李思训去世。

717A.D. 唐开元五年

七月，陇右节度使郭知运大破吐蕃于九曲。访求逸书，编校于乾元殿。公孙大娘作剑器舞。

720A.D. 唐开元八年

契丹牙将可突干杀其主李娑固及奚王李大酺，立郁干为主，遣使请罪；赦之，以郁干为松漠都督，李大酺弟鲁苏为饶乐都督。

712A.D.

北非总督穆隆亲率阿拉伯人与柏柏尔人之混合军队一万八千人渡海入西班牙。

713A.D.

西班牙半岛上对阿拉伯人有组织之抵抗中止，西哥特王国亡。西班牙自此在阿拉伯人之统治下达七百八十一年之久。

慧能创立禅宗南派

禅宗是中国佛教史上影响最大的一个宗派，唐代慧能弘传见性成佛的法门，一改几百年来佛教念经、坐禅的修炼方法，使禅宗的思想和流派迅速遍及全国。惠能的宗教改革成为中国禅宗的真正开端，从此，禅宗作为一个彻底中国化的佛教教派，在中国社会广为流传。

禅宗以"直论本心"为宗旨，从释迦牟尼到菩提达摩共二十八祖。达摩在梁代中叶来到中国，为禅宗的初祖，达摩传法与慧可，慧可传与僧璨，四祖道信门下的弘忍得衣钵在黄梅山传法，为禅宗五祖。道信的另一弟子法融入牛头山开创了禅宗支系牛头宗。弘忍以后禅宗分裂为南北两大支。北宗尊神秀，南宗尊慧能，慧能得衣钵为禅宗六祖。

南华寺慧能肉身像。

南宗慧能（638～713），亦名惠能，俗姓卢，范阳（今北京大兴）人。幼随父流放到岭南新州（今广东新兴），3岁丧父，家境贫寒，少时随母采薪度日。24岁时偶然听人诵读《金刚经》有所领悟，决心向佛，遂投五祖弘忍门下，因作一偈："菩提本无树，明镜亦非台；佛性常清净，何处惹尘埃"，深得五祖赏识，当夜五祖传法并授衣钵给慧能。得衣钵后，慧能在岭南隐居16年，弘忍死后，他始出来公开弘法。唐高宗仪凤二年（677），慧能住曹溪宝林寺，前后弘法30多年，影响遍及全国，开元二年（713），惠能卒于新州国恩寺，其弟子迎慧能遗体于曹溪南华寺供奉至今。

修禅图。"修禅"是佛教禅宗的基本修行活动。修禅的基本姿势有五种，主要为坐式，通常称"坐禅"，其余有卧式、行走式、立式和随意式。图一为坐禅图。图二为卧禅图。图三为行禅图。

慧能弘传直论本心、见性成佛的法门，主张性净自悟，顿悟成佛，不搞繁琐的宗教仪式，其教理比中国佛教其他宗派如天台、唯识、华严等都更简易明快。慧能讲经的内容由其弟子法海整理成《坛经》，这是中国僧人撰写的唯一一部可以称为"经"的著作。

《坛经》完整地保留了慧能禅的教理，成为中国禅宗的主要经典，其要旨有：一切众生皆有佛性，人人都有成佛的内在依据；离相无念才是坐禅，禅在心中坐，只要心无杂念，行住坐卧皆是坐禅；顿悟成佛。慧能主顿悟成佛，神秀主渐悟，所以称禅宗南、北两支各以"南顿""北渐"名之。

自慧能起，禅宗大盛，其信徒超过天台、华严诸宗慧能身后禅宗分成荷泽、青原、南岳三大系统，历代相传，至今仍延绵不绝，禅宗成为中国佛教各宗派中流传时间最长的一宗，经过"会昌法难"，其他佛教流派皆衰落，唯有禅宗迅速恢复，在五代以后一枝独秀，宋明理学及近代哲学都受到禅宗思想的影响，通观慧能的宗教改革，他使禅宗成为平民的宗教，在下层群众中广为流传，把佛教在中国推向鼎盛。但慧能以后的禅宗进一步夸大主体意识，漠视宗教的戒律与教规，往往流于离经叛道的表面形式而没有内在的禅定功夫，所以禅宗的平民化和世俗化倾向一方面扩大了禅宗的影响，另一方面也使佛教在与中国本土文化融合的过程中，丧失了自身特有的价值，这就给禅宗走向解体留下了潜在的危机。

唐玄宗即位

唐延和元年（712）八月，李隆基即位，改元先天，是为唐玄宗。

李隆基（685～762），唐睿宗李旦的第三个儿子，唐朝第七代皇帝。他性格果断，英武有才略，而且多才多艺，尤其擅长音律，最先被封为楚王，后改封为临淄王。景云二年（711），隆基与其姑母太平公主发动政变，诛杀韦后、武后之余党，拥其父李旦即位，隆基因除韦后有功被立为太子。

延和元年（712）七月，彗星出现于西方，经轩辕入太微至大角，太平公主于是遣方士进言李旦："彗星是预示当除旧布新之星；彗星一出，帝座也随之变位，这显示太子应为天子了"（意即太子将弑君篡位）。李旦不明此

《明皇调马图》。唐玄宗李隆基,又称唐明皇,712～756年在位。当政初期任用姚崇、宋璟为相,改弊端,社会经济持续发展,被旧史家称为"开元之治"。

意道:"传位于太子可以避灾,我已经下了决心了。"李隆基知道后,急忙入宫,叩头道:"我功劳微薄,却越过诸位兄弟成为太子,已经觉得日夜不安了,不知陛下为何这样着急要退位?"李旦说:"我之所以得天下,都是因为你的缘故。现在帝座有灾,所以传位于你,转祸为福,你怀疑什么?"隆基仍苦苦推辞,李旦说:"你是孝子,为什么非要等我死后在柩前即位呢?"太子只好流泪退下。太平公主及其同党亦力谏皇帝,认为不可让位,但是李旦不准。于是唐睿宗李旦于七月二十五日下诏正式传位于太子。八月三日,李隆基(玄宗)即位,尊睿宗李旦为太上皇帝。自此,上皇李旦自称为"朕",命为"诰",五月一日受一次朝于太极殿;李隆基则自称为"予",命为"制",每天受朝于武德殿。太平公主劝李旦,虽然传位,但仍宜主大事,所以三品以上官员的任免及重大刑事案件仍由上皇裁决,其余政事则均由皇帝李隆基裁决。八月七日,唐玄宗李隆基改元为先天,大赦天下。

THE CHINESE CIVILIZATION

太平公主谋反被诛

先天二年（713）七月三日，太平公主谋反被诛。

太平公主是高宗的女儿，为武后所生。睿宗时，太平公主权势甚大，宰相7人中有5人出自公主门下，公主擅权用事、把持朝政，文武大臣大多附从。先天二年（713）六月，太平公主与宰相窦怀贞、肖至忠、崔湜、岑羲及太子少保薛稷、左羽林大将军常元楷、中书舍人李猷等人合谋发动政变，企图废掉李隆基。公主又与宫女元氏密议在赤箭粉中下毒，毒死玄宗。七月初，

唐武臣立像（局部）

唐朝 618～906A.D.

唐驼鸟石刻

THE CHINESE CIVILIZATION

李隆基获密告得知太平公主将于本月四日作乱，于是命令羽林军突入武德殿等候调遣，窦怀贞、肖志忠、岑羲等在南牙举兵对抗，玄宗令羽林军300余人自武德殿出击，捕杀太平公主党羽。太上皇闻变，乃下诏宣布怀贞等罪状，并将薛稷赐死于狱中。同时下诏说，从今往后，所有军国大事，全凭玄宗皇帝处置，自己要净心养身，不再过问政事了，然后上皇迁居百福殿。从此，玄宗便完全掌握政权了。太平公主在玄宗捕杀其党羽时逃入山寺，三天后才出来，被玄宗赐死于家中。除薛崇简外，太平公主的儿子们都被处死。太平公主的同党，窦怀贞被改姓为"毒"，王晋改姓为"厉"，以作为惩罚。宦官高力士因诛逆有功被破格任命为右监门将军知内侍省事。宦官之盛也从此开始。

法藏创建华严宗

唐朝中期，法藏创建华严宗，该宗因奉持《华严经》而得名，又因其创始人法藏被武则天赐名"贤首"，亦称贤首宗。此宗弘扬"法界缘起"论，故又称法界宗。《华严经》是印度大乘有宗的经典，所以华严宗同唯识宗一样，以发挥有宗一系的思想为旨趣，同继承空宗思想的三论宗相区别。

法藏之前宣扬《华严经》的法师有杜顺（557~640）和智俨（602~668）。法藏是华严宗的实际组织者，生于唐太宗贞观十七年（643），卒于唐玄宗先天元年（712）。法藏原籍西域康居（今乌兹别克共和国撒马尔罕一带），祖父迁至长安定居。他17岁从云华寺智俨大师学习《华严》一类经典。28岁奉武后之请到太原寺讲经，后奉敕入宫为武则天讲十玄六相义旨，他指金狮子作喻，成《华严金狮子章》。至此华严宗承武后信奉、提倡，在中唐盛极一时，观门、教相皆建立周备，法藏门下人才辈出，慧苑、智超等都对华严宗有所发展。慧苑、法铣以后，华严四祖澄观（736~839）以纠正歧义、恢复法藏时代华严原貌为己任，在社会上引起广泛影响。澄观弟子宗密（780~841）提倡华严宗与禅宗思想融合，宗密死后唐武宗灭佛，华严宗从此衰落下去，到五代和宋明时期虽有传人，但影响甚微。

华严宗建立"五教十宗"的判教体系，"五教"指小乘教、大乘始教、大乘终教、大乘顿教、大乘圆教。华严宗以代表佛教最高水平的大乘圆教自居。该宗的基本理论是"法界缘起"说，它以"一多相摄"、"六相圆融"等范畴阐明诸法皆无自性，同时说明万法不可分割，相互关联，相互映照。华严宗进而强调佛国不离现世，成佛也不必离境他求，只要通过诵经、坐禅等方法，即可达到涅槃。

封大祚荣为渤海郡王

先天二年（713）二月，唐设置忽汗州，封大祚荣为渤海郡王。

总章元年（668）唐灭高丽后，在平壤城内设置安东都护府。高丽旁支大祚荣聚众迁居营州。武后通天元年（696），契丹松漠都督李尽忠谋反，大祚荣见原地不能再住下去了，又与靺鞨乞四北羽聚众东迁，凭借天险固守。唐军将领李楷固率军讨伐，杀死乞四北羽，却被大祚荣击败。此后，大祚荣率众在距营州2000里的东牟山筑城自守。大祚荣智勇双全，高丽人、靺鞨人纷纷投奔他，很快这里就发展成占地2000里，有户10万余，士兵数万人的大部落了。大祚荣自称为振国王，又依附于突厥，势力日益强大。中宗曾派侍御史张行岌招慰大祚荣，大祚荣也派他的儿子朝见中宗。玄宗即位后，对大祚荣继续招抚，于先天二年（713）二月封大祚荣为左骁卫大将军、渤海郡王，以其部所在地为忽汗州，任命大祚荣兼都督之职。从此，大祚荣专称其国为渤海。渤海建立后，按唐制建立政治、经济制度，并使用汉文字。玄宗以后，渤海经常派人到长安朝贡，请封号，并多次派学生到京师太学学习。大祚荣于开元七年（719）三月去世，玄宗命其子大武艺袭位。后来，渤海为契丹所灭（926），契丹太子耶律倍为东丹王。

THE CHINESE CIVILIZATION

禅宗分化为五家七宗

禅宗是中国佛教史上影响最大的彻底中国化了的佛教流派。由六祖慧能所创源，被称为"南顿"一系，以与神秀所代表的"北渐"一系对立。慧能所著《坛经》是中国僧人撰写的唯一可以称"经"的佛教著作。713年，慧能去世，他所创禅宗迅速分化，形成了五家七宗等佛教流派。

所谓五家，乃是慧能门下两大弟子湖南南岳怀让和江西青原山行思两人在慧能身后继续宣扬禅宗，前者后来分化为沩仰和临济两家，后者分化出曹洞、云门和法眼三家，合称五家。宋代临济一系又分化出杨歧、黄龙两派。合称"五家七宗"。

南岳怀让和青原行思都是慧能门下高徒，继承了慧能所创禅理，后来分别于南岳般若寺观音台和江西青原静居寺传教多年。沩仰宗开创者为灵佑（721～853），他和其弟子慧寂（807～883）分别在湖南沩上和江西仰山传教，所以称"沩仰宗"。滹沱河边临济院主持义玄（？～867）也是怀让弟子，他开创"临济宗"。"曹洞宗"是由良价（807～869）在江西洞山开创，并由其弟子本寂（840～901）在江西曹山弘扬的禅宗流派，"云门宗"的"云门"指广东韶关云门寺，文偃（864～949）在此传播禅宗，自成一派，故称"云门宗"。金陵清凉院的文益（885～958），在禅宗传播中自成系统，因而被谥为"大法眼禅师"，其所开创的派系被称为法眼宗。

五家七宗中，沩仰、临济、曹洞三家产生于晚唐，云门，法眼形成于五代。北宋时，临济宗继分化为杨歧派和黄龙派，它们分别由方会（992～1049）在江西扬歧山和慧南（1002～1069）在江西黄龙山开创。

佛教经慧能改革以后，与中国传统思维方式高度冥合，更易为中国士人所接受。是佛教世俗化的开端，它极力缩小天国与现世之间的距离，宣扬"放下屠刀、立地成佛"，似乎佛与凡夫只在一念之差，轻蔑传统的教规、教仪，直接导致了后世禅宗的"呵佛骂祖"，实际上是佛教走向解体的开端，慧能实质上是佛教传播的一个破坏者，所以，在他身后，他所创禅宗迅速分化。各派虽都奉慧能《坛经》为基本教义，主旨大致相同，但却融入了自己时代的不同精神，包含了时代对宗教的某些影响，从而对禅宗的基本思想的表达方式各有不同，形成了不同的"门庭"和家门，因此，众门派林立。

破突厥于北廷

开元二年（714）二月七日，突厥首领默啜派遣他的儿子同俄特以及妹夫火拔颉利发、大将石阿失毕率领突厥大军进犯大唐边境，包围了北庭都护府（治庭州，今新疆乌鲁木齐县），情形十分危急。

当时宋城的大将是唐代有名的都护郭虔瓘。面对来犯强敌，郭虔瓘镇定自若，率众军士奋起抗击。突厥军久攻北庭不下，益发暴躁。同俄自恃一身武功且本方军力强大，根本不把唐军放在眼里，经常单枪匹马杀到城下向城内大骂叫嚣，郭虔瓘便设计在路边埋伏强壮的军士待同俄来时突然出击将其斩杀。突厥军闻知大乱，便请求愿意用军中全部的辎重和粮草来赎回同俄。得知同俄已被杀死，突厥来使恸哭而归。突厥大将石阿失毕见损失了默啜的爱子同俄，非常恐慌，知道默啜不会轻饶自己。

经过再三思忖，石阿失毕和妻子于二月二十五日率部投奔了唐军。突厥军队失去大将，军心涣散，都护郭虔瓘立即率大军出城。一举击溃敌军，突厥军在火拔颉利发的带领下退逃而去。唐军大捷后，郭虔瓘受到玄宋的嘉奖，并被皇帝封为左羽林大将兼安西大都护、四镇经略大使；石阿失毕则被封为右卫大将军、燕北郡王，其妻为金山公主。

唐三内完成

隋唐王朝积全国之力，在长安城内营筑了辉煌壮阔的宫殿建筑群。714年，兴庆宫落成，至此，长安城内有了三处著名的宫殿区：太极宫、大明宫、兴庆宫，又称"三内"。

太极、大明、兴庆三处宫殿区，耗资极大，占地极广，且风格各有千秋：太极宫庄重威严，大明宫宏伟雄壮，兴庆宫富丽堂皇。"三内"是唐朝统治者生活和处理政事的地方，也是大唐帝国的统治中心。

太极宫又称西内，始建于582年，原名大兴宫，唐朝后改名为太极宫，位于长安城中轴线北端，占据宫城的大部分。中心部分根据轴线对称的原则，呈纵列布置了承天门、太极殿、两仪殿等十数座门殿建筑，根据《周礼》中的三朝制度，以宫城的正门，即承天门为大朝，逢国家大典之日，皇帝在此接受群臣朝贺，太极、两仪二殿为日朝、常朝之处，皇帝在此接见文武百官，处理朝政。在中轴线的两侧，对称布置了数座门、殿，构成太极宫威严庄重的宫殿建筑群。

大明宫，始建于贞观十七年（643），宫址在长安城东北龙首原上。武则天执政后，大肆兴建宫殿和宫宛，沿中轴线依次布列大朝含元殿，日朝宣政殿，常朝紫宸殿，在后部及两侧建造殿、阁、楼、台30余处，在北部开凿太液池，池中建蓬莱山，池周围建周廊四百间，以此做为大明宫的宫苑区。由于大明宫适于宫廷警卫，可掌握京城全局，从663年开始，唐统治者把听政的地点，由于太极宫迁移到大明宫，从此，这里成为唐代主要朝政的场所。

含元殿是大明宫的正殿，也是唐代最雄伟壮丽的宫殿组群。大诗人王维"九天阊阖开宫殿，万国衣冠拜冕旒"的诗句，生动地描述了含元殿当年的盛况。含元殿以其气势恢宏的艺术构思，严整对称的布局，富丽辉煌的色彩，体现了盛唐时期热烈奔放的气魄和雄宏的建筑风格。另外，含元殿与其后的宣政、紫宸殿三殿相重，附会"三朝"的布局形制，对以后各代的宫殿布局制度产生了深远的影响。麟德殿也是大明宫另一处重要宫殿群。是皇帝接见外宾、唐《弈棋仕女图》（部分）。绢本设色。人物线条刚劲均匀，赋彩单纯明丽，并加以晕染，特别是夹棋欲置的手指和全神贯注的生动神态描绘得维妙维肖，具有典型"曲眉丰颊、肌胜于骨"的唐代画风，也是唐代仕女画的代表作。

饮宴群臣、进行游乐和作佛事等活动的地方。

兴庆宫，是唐玄宗于714年，即开元二年在其旧宅兴庆坊修建的另一处宫殿区，又称南内。兴庆宫是以园林为主，将宫殿与园林有机结合在一起的宫苑区。兴庆宫的布局不强求轴线对称，殿阁楼台错置其间，建筑装饰瓦件丰富多彩，从考古发掘的资料统计，莲花瓦当就多达73种，在宫南部还发现大量黄绿琉璃瓦碎片，说明兴庆宫的建筑豪华富丽远在大明宫之上。兴庆宫内引龙首渠及隆庆坊水，开掘18万余平方米的龙池，临龙池建亭廊楼阁，在龙池西南就发掘出17处建筑遗址，平面形式多样，布局自由，建筑间有曲折游廊相接。龙池周围，殿阁相映，垂柳云飘，笙歌画船，波光花影，反映出唐代统治者日益奢靡淫逸的生活，初唐时那种蓬勃进取的精神几乎消磨殆尽。唐三内，是劳动人民伟大智慧和才能的结晶，反映出唐代建筑技术的成就和水平。

姚崇治蝗

唐开元四年（716），山东发生蝗虫灾，老百姓因受迷信思想影响，不敢捕杀蝗虫，只是烧香礼拜，祈求上天救治虫灾。唐玄宗和很多官吏也以为蝗灾是由"不德"造成，是天灾，想以"修德"来治虫害。宰相姚崇力排众议，提出用"篝火"诱杀和"开沟陷杀"相结合的方法来除蝗，并派出大批御史，奔赴各地治蝗。但这一措施首先遭汴州刺史倪若水的反对。他以历史上治蝗失败的事例来鼓吹"德化"之说，抗拒御史的治蝗督促。姚崇警告倪若水不捕蝗，将依法予以治罪，最后倪若水只得听命，捕蝗14万石，成绩显著。姚崇的治虫主张还遭到满朝文武的反对，但他坚持己见，利用昆虫的趋光特性，诱杀蝗虫，终于战胜了虫害，保证了那年没有发生饥荒。

姚崇和其他官吏在治蝗问题上的斗争，实质上是自汉代以来唯物和唯心思想斗争的延续。孔子主张"天命论"，认为"天灾地妖，所以儆人君也"。西汉的董仲舒加以发挥，说蝗虫和其他虫害发生的原因，是由于"三纲五常"的败坏，只有"修德"，整顿"纲常"才能消除。郑玄也认为只要皇帝有"修养"，害虫会自行消亡，这些是所谓"以德避虫害"

唐朝 618～906A.D.

唐代宫苑。图中亭台楼阁、假山水澈构成优美的环境。

姚崇像

THE CHINESE CIVILIZATION

唐代皇城图

的唯一主张。而东汉思想家王充在《论衡》中,明确指出害虫发生有其自身的规律性,并总结了群众的防治经验。姚崇治蝗正是坚持了蝗虫应治和可治的唯物思想,并学习历代治蝗的经验,不仅战胜了虫害,而且为后世树立了楷模。他的治蝗成绩对于反对汉代以来以德化避虫害的唯心思想也起到了重要的作用。

宋璟继姚崇为相

开元四年(716)闰十二月,宋璟继姚崇为相。

姚崇(330~393),陕西硖石(今河南三门峡南)人,他非常有才智,崇尚气节,历任武后、睿宗李旦及玄宗李隆基三朝宰相。他本名元崇,武后时改名元之。睿宗时,因奏请将太平公主迁居东都,被贬职。开元初玄宗即位后,复相位,为避讳开元尊号,更名姚崇。李隆基在军机国家大事等方面多询问于姚崇。姚崇独当重任，办事果断、得体，勤政为民，时无人能及，深得民心和皇帝嘉许，有"救时宰相"的美名。

姚崇为相后，向玄宗建议了10件事：以仁义治天下，三数10年不求边功；宦官不得干涉朝政，皇亲国戚不得任台省官，停止破格滥用人，以法制抑奸佞；公卿、方镇、戚里不得"贡献求媚"，不再增建寺观宫殿，开言路纳谏诤，杜绝外戚干预政事等，基本被玄宗采纳。姚崇还反对度人为僧，取缔伪滥的僧徒12000多人，勒令他们还俗。开元三年春夏之际，山东（指太行山以东）闹大蝗灾，因为蝗虫众多，百姓及当地官吏又非常迷信，只是在田旁焚香设祭而不敢杀灭蝗虫，致使粮食大受损失。姚崇坚持捕杀除蝗，并派使者到各州县详察灾情、督促灭蝗，因此，尽管连年蝗灾，但由于灭蝗得力，还不至于闹大饥荒。姚崇的两个儿子光禄少卿姚彝、宗正当卿姚异，因广引宾客并收受贿赂，被人们所讥讽。另外中书省主书（从七品）赵诲本是姚崇的亲信，也收罗了胡人的贿赂。东窗事发后，玄宗亲自审问，赵诲本被判死罪，姚崇竭力营救他，玄宗非常生气。后因赶上京城曲赦，玄皇于是命令将赵诲杖打一百并流放岭南。姚崇因此非常忧惧，多次要求让出相位以避嫌。并推荐广州都督宋璟接替自己的职务，获准。开元四年（716）闰十二月，姚崇被贬为开府仪同三司，宋璟被擢升为宰相。宋璟（663～737），邢州南和（今属河北）人，调露年间中进士。他为人耿直，有节气，而且博学多才，尤其精于文翰，当官名声很好。武后执政时非常倚重他；睿宗时，升他为吏部尚书、同中书门下三品。后因和姚崇一起奏请太平公主出居东都而被贬。开元年初，他又被任命为刑部尚书，封广平郡王，继姚崇为相后，宋璟主张革除奢靡风俗、禁铸恶钱、广选人才。他的用人标准是：选择人才必须排除激幸，禁止谄谀，量才录用，务必使之各称其职，各展其用。按照上述标准，宋璟用人从不私亲阿贵，为官廉明。宋璟与姚崇并称贤相，号"姚、宋"。开元六年曾有广州吏民要为他在任时立下的功绩立遗爱碑，宋璟获知后，立即奏请皇帝阻止了这件事，此后再无此类事情发生。开元八年（720），宋璟任宰相4年之后，以年老为由辞官，退居涸阳。

THE CHINESE CIVILIZATION

编校群书于乾元殿

　　开元五年（717），唐于乾元殿编校群书。此事的发起者是马怀素。马怀素，字惟白，丹徒人。他为人廉恭谨慎，很有学问，人称长者，曾被荐为玄宗侍读，这便是"侍读"得名的开始。开元五年（717），当时任秘书监一职的马怀素上奏玄宗道："国家的许多藏书已经散乱甚至讹缺，请皇帝恩准选一些有学问的先生来整理书籍并校正错误，补足遗缺。"玄宗允准了这件事。于是马怀素率领20个饱学之士开始整理藏书，搜寻访问散失的书籍，并派专人进行撰写工作；同时还组织国子监博士尹知章、桑泉尉韦述等对书稿进行刊正，让左散骑常侍褚无量为之使，在乾元殿前编校群书。等到整编好4部书后，玄宗命百姓、官吏们到乾元殿东廊观书，大家无不拍手称奇，纷纷称赞编书的人为朝廷和后人做了一件大好事。

《开元占经》编成

　　唐开元六年（718）至开元十四年之间，印度裔天文学家瞿昙悉达编成《开元占经》，比较系统而完整地总结了当时的天文星占学发展的总体成就。

　　《开元占经》全称《大唐开元占经》，全书100卷。前两卷集录了古代天文学家关于宇宙理论的论述；卷3至卷90集录了各种天象及星占占文；卷91至卷102集录的是各种气象现象及相应的占文；卷103抄录了李淳风的《麟德历经》；卷104讲算法并抄

星占图。星占图是新疆吐鲁番出土的唐代占星象用的图，约为公元八世纪的写本。是目前所见具有中国风格时代最早的黄道十二官图形。十二官是十二个月分别代表的时间位置。占星术是利用一些天象，如日蚀、月蚀、五星或金、木、水、火、土星在星空中的位置及其变化，来占卜人间吉凶祸福的预测术。

录了《九执历》；卷 105 是从先秦古六历到唐代神龙历共 29 种历法的基本数据；卷 106 至卷 119 讲的是星图中的星位；最后 10 卷是有关草木鸟兽、人鬼器物的占文。其中除介绍印度传来的九执历内容 1 卷外，其余 119 卷均介绍中国的传统文化，它用列表的方式，在事先拟定的栏目中，将唐代开元年间收集到的天文星占资料分类加以编排，尽可能将各家天文星占原著选录其中，使之成为一部经过系统编辑的古代天文资料大全。

该书编者瞿昙悉达，祖父瞿昙逸原是印度婆罗门僧人，于隋代迁居中国。他们全家精通印度天文历法，并收集、学习从而精通了中国的天文历法，其祖孙三代均在唐代朝廷中担任负责天文的太史令和太史监。身为太史令的瞿昙悉达于开元六年（718）奉旨翻译后来收入《开元占经》中的印度历法《九执历》。

《开元占经》保存了中国最古老的恒星位置测量结果，保留了先秦时期甘、石、巫三家星经的原始面貌和大量天象观测的记录及论述，一些古代论天的资料也赖此得以保存，而大批的历法资料，尤其麟德历和九执历，反映了中印科技交流的历史印迹，所摘录的古代文献资料较全面地保存了中国星占术的资料，许多珍贵的文化科学资料因此而没有泯灭，使我们今天尚能窥见许多古代天文学家的精辟论断。

推行饮酒礼以思化民俗

唐开元六年（718）七月十三日，玄宗再颁布《乡饮酒礼》令各州县乡于每年 12 月行饮酒礼。

早在贞观六年（632），太宗李世民便已诏仿《礼记·乡饮酒礼》一卷，颁行天下，但其后日久礼废，玄宗为使世识廉耻，尊老敬道、思化民俗，再次颁诏推行饮酒礼。

州饮酒礼，以刺史为主人。先召本州已入仕为官而有德者计议饮酒礼事。受饮酒之礼的

唐景云钟。此钟造于唐景云二年（711），距今 1200 多年，为我国现存唐代之前最大的铜钟。

THE CHINESE CIVILIZATION

唐牛首玛瑙杯。唐代与四邻各国交往频繁，从这只杯的造型来看，应是来自中亚一带的器物。

人依次有宾、介、众宾。饮酒礼仪式有两部份：请宾允许学子行饮酒礼和由主人主持的饮酒礼。前者仪式大致为：主人对传令者说，某日行饮酒礼；恳请宾允许我的这些学子们参加，以示敬意。传令者进出转告宾。宾出来，说不敢承受。再请再推辞又再请，这才同意。对介、众宾也如此行礼。后者仪式大致为：按仪礼、等级设宾席、主人席、介席、众宾席。仪式开始以后，主人拜迎宾、介、众宾入，各自落座。而后，宾、介、众宾跪迎主人接受祭祀祖先的礼器。礼器授完后，又跪迎赞礼者进献祭品，并在赞礼者主持下，持酒祭祖宗。祭祖完毕后便奏乐。奏乐、歌唱完后，学子们先拜宾、主人、介、从宾，然后接受赐酒，饮完恭敬退下。仪式完毕，在鼓乐声中，大家都开怀畅饮以示庆祝。

县饮酒礼以县令为主人。乡中老人年60以上有德行的人士为宾，次有德者1人为介，又其次者为三宾，再次者为众宾。乡中老人年60者，在席上放3豆（指盛食物的器皿），年70年置4豆，年80者则放置5豆，至于年纪超过90的人及主人都放置6豆。就席饮酒之际，主人为赞礼者持酒杯告诫民众们当以忠孝为本。其他形式大致与州饮酒礼相同。

设置市舶使管理外贸

唐于714年在广州设市舶使，管理海外贸易。直到元朝末年一直持续了700年之久。

唐代的商业经济非常繁荣，对外贸易也非常发达，陆上和海上两方面的贸易又十分频繁并日益正规化，政府还设置了专门的机构和官员对海上和陆上贸易进行有效的管理，促进了对外贸易的不断发展，对贸易的有效开展起到了很好的作用。

唐代与南海各个国家的海外贸易在唐朝的对外贸易中占据着举足轻重的地位。当时由海上来与唐开展贸易的国家有日本、新罗、印度、斯里兰卡、波斯、南海的各个岛国、大食（阿拉伯）等许多国家和地区，大食是其中最为重要的国家。这些国家都是航海到中国进行贸易，大多由波斯湾经印度，绕马来群岛，抵达现今的广州，然后再从广州分散到岭南的交州、江南的扬州、福建的泉州以及福州、明州、温州等通商口岸。海上贸易发展很快，已成为经常性的大宗贩运，贸易额很高。

同时，唐对陆上贸易也极为重视，对周边各少数民族的互市非常关注。通过互市，可以获取农业的主要耕田动力耕牛。然而，除了经济因素之外，也有很重要的政治因素，促使唐不断加强与西域各国之间的往来贸易；通过互市，可以得到内地非常需要的重要的军用物资马匹，这与国防有着非常直接的关系，马匹数量的多少反映着国防力量的强弱。唐政府曾专设"互市监"来管理互市贸易。内地和西域的富商大贾东来西往非常频繁，唐著名的高僧玄奘到西方去求取佛经也是跟随商贾去的。丝绸之路非常繁华兴旺。贞观年间，位于丝绸之路要道上的高昌国成为阻塞东西交通的障碍，唐王朝便派军队打败了高昌国，将它收入唐朝版图，降为州县，通往西域的大门因此大开，西域的商贾更加蜂拥地涌入唐朝，四处进行商贸活动。

唐与突厥、吐谷浑、回纥、党项、吐蕃等各沿边少数民族的关系虽时战时和，但贸易活动始终非常频繁。

THE CHINESE CIVILIZATION

开元盛世出现

　　开元（713～741）是唐玄宗统治前期的年号，这个时期唐王朝国势强盛，封建社会在各方面都达到了前所未有的太平盛世状况，史称"开元盛世"。

　　玄宗李隆基在长期的宫廷斗争中，造就了敏锐的政治头脑和超人的政治才干。710年，他诛杀准备谋反的韦后和安乐公主，713年，他又镇压了预谋发动宫廷政变的太平公主。一连串的宫廷事变促使他下定决心整顿统治集团。从开元二年（714）起，他陆续把诸王派往偏远的州做刺史，州务实权则交给长史、司马。另一方面又对诸王不加谴责、恩

唐开元铁牛。山西黄河蒲律津桥的唐开元铁牛，是盛唐冶炼业、制造业及雕塑工艺耀眼夺目的代表作。桥两端铁牛共八尊，每牛重量三万公斤左右。这是"开元盛世"留下的具有说服力的实物见证。

私如初，他的恩威并用使诸王没有借口，也没有能力发动政变。在抑制权贵上，玄宗更是严格执法，很少宽假，以至皇后妹夫长孙昕因殴人也被立即处死。上行下效，许多地方官吏也勇于同权贵的不法行为做斗争，保护百姓利益。玄宗及其臣下抑制不法权贵的行动对于稳定社会秩序，加强中央集权产生了良好的影响。

　　玄宗效法唐太宗，注重用贤和纳谏，对于朝中名臣，玄宗区别对待。他先是重用能犯颜直谏又忠心为国的姚崇、宋璟、苏颋、张说等人为相，倾心从谏，对宋璟的谏诤，"玄宗素所尊惮，常屈意听纳"（《新唐书·宋璟传》）。姚崇、宋璟后称"姚宋"，与初唐名臣房、杜齐名。苏颋和宋璟同时为相却甘居辅佐地位，相让为国。这就使玄宗的统治核心能上下一心，励精图治。玄宗对

宋摹本唐张萱《捣练图》。此图分组描绘宫中妇女加工白练,依次为捣练、织修与熨平。所绘十二人,或长或幼,或立或坐,神情姿态各异。张萱,长安人(今陕西西安),盛唐时期人物画家。擅画贵公子、妇女、儿童,《宣和画谱》称其"于贵公子与闺房之秀最工"。"又能写婴儿,此尤为难"。

朝三暮四的政客则远调或罢官,消除了朝廷内部的不安定因素。

玄宗还裁汰冗官,改革吏治。针对武则天时造成官僚机构严重膨胀的情况,他先是撤销冗官数千人,以节约开支,解决财政困,开元五年(717)又恢复谏官、史官参加宰相议事的制度,这样谏官、史官也能参加皇帝与宰相的议事会议,朝中议事的透明度大大提高了。玄宗还很重视地方官的选拔,曾亲自对新任职的县令进行考核,并把不合格的45人驱逐回去。为了从根本上澄清吏治,玄宗制订了《开元格》、《开元新格》等,又派人编纂了系统完整的行政法典——《大唐六典》,这对惩治贪官、稳定社会秩序提供了强有力的法律保证。

在经济方面,为了增加财政收入,玄宗主要采取了四项措施。首先,打击豪门士族,争夺土地劳力。豪门士族不但侵占农民田地做为"私田",控制逃亡农民做为"私属",且不向朝廷交田税和人头税。玄宗在政权稳固之后,采取检田括户等措施,收回大量私田,分给无地农民使用,既增加了国库收入,也缓和了社会矛盾;第二,改革食实封制度,以增加政府财政收入,减轻人民负担;第三,玄宗打击佛教势力,淘汰僧尼。武周、中宗大力扶持佛教,广建庙宇。寺院僧尼不仅兼并土地,而且逃避税役。714年,玄宗令1.2万余僧尼还俗,还禁造佛寺,禁铸佛像,禁抄佛经,沉重打击了佛教势力,扩大了中央政府的税源;第四,发展农业。玄宗采取与民休息的宽容政策,扩大耕地面积,大修农田水利,并且移民边疆,屯田生产,农业十分发达。杜甫的《忆昔》诗"公私仓廪俱丰实"就生动地描写了开元盛世时农业的发达。

玄宗实行和解的民族政策,以改善民族关系,维护国家统一。对东突厥大搞边境贸易,进行经济交流;为了改善和奚族、契丹的关系,还把两个公

THE CHINESE CIVILIZATION

主嫁给奚族、契丹族两个首领。姚崇、宋璟都熟谙军务，一方面加强军备，一方面安境息民，还严防边将穷兵黩武，轻启边衅。开元年间和睦的民族关系对于社会稳定和经济发展起很大的促进作用。

由于唐玄宗采取了上述积极的政治经济措施，加上广大人民的辛勤劳动，唐王朝在各方面都达到了很高的水平，国力空前强盛。几十年间人口增长到5290余万人，有了大幅度的增长；农业十分发达，即使是开元三年还"沙碛悠然"的陇古地区，到开元末期也已经"桑麻翳野"了；手工业方面的瓷器、漆器、造纸均超过前代，"唐三彩"更是名扬海内外；唐代的商业也很发达，国内交通四通八达，城市极为繁华，对外贸易不断增长，波斯大食商人纷至沓来，长安、洛阳、广州等大都市商贾云集，各种肤色、不同语言的商人身着不同的服装来来往往，十分热闹。中国封建社会达到了全盛的阶段。

中印数学交流

早在公元1世纪，中国和印度便在宗教、贸易、文化等方面有交流，在数学方面也相互影响，但尤以隋唐时期最为突出。

《隋书·经籍志》记载的印度历算书有《婆罗门算法》3卷，《婆罗门阴阳算历》1卷，《婆罗门算经》3卷，以及《婆罗门天文经》21卷等。但这些书籍一般只译了书名，内容大多没有翻译，所以影响还不大。而唐开元六年（718），由印度天文学家瞿昙悉达奉唐玄宗之命翻译印度历算名著《九执历》，却对中国数学产生了很大的影响。《九执历》中的数码、圆弧度量（把圆周分为360度，每象限分为3相，每相分为8段。每度为60分，每段3度45分。）和正弦表（《九执历》中列出了以3度45分为间隔的，从0度到90度的24个正弦线值表）被中国数学所吸收运用。而更为有价值的是唐代天文学家一行绘出的正切表（从0度到80度，间隔为1度的正切值），明显是受《九执历》中正弦表的启发而获得的。另外，中国数学书中多借用了印度大数和小数的名称，不过所表示的数量和意义却与印度原意不同。

中国数学也对印度产生过多方面的重要的影响。如英国科技史家李约瑟在《中国科学技术史》第三卷中曾列举了14个方面的证据，内容包括开方及解高次方程、比例算法、分数、正负数、弓形面积、盈不足术、不定分析等。在许多中国在前、印度在后的数学成果之间，存在着惊人的一致性如线性方程组、比例、不定方程、等差及等比数列、几何等，这样的例子人们已经发现了数十个，《九章算术》中的数题就和其后印度许多数学家著作中的数题内容极为相似。

密宗繁盛

唐玄宗开元年间（713～741），印度的三位密宗大师善无畏、金刚智和不空相继来到唐都长安，使三国以来流行于中国的"杂密"成为体系性的"纯密"。这三位密宗大师亦被称为"开元三大士"。

密宗又称瑜珈密教，是印度密教在中国流传的结果。印度佛教在发展后期，出现了与传统的印度宗教——婆罗门教相结合的密教。在保留佛教基本信仰的同时，密教也吸收了婆罗门教祭祀、供奉、拜火等宗教仪制。他们认为佛祖的"真言"、"密语"不可见诸文字，广为传布，只能对接受灌顶仪式的弟子密传，由此与"显教"诸流派不同。

开元四年（716），善无畏来到长安，受到玄宗礼遇，即被尊为国师，设内道场，为皇族灌顶受法，传播"胎藏界"密法。他译出《大毗卢遮那成佛神变加持经》（或《大日经》），成为密宗主要经典。他的弟子一行（637～727）继而撰写了《大日经疏》20卷，进行详细注释，奠定了

《修习喜佛图》。在佛教的各种宗派中，密宗是比较注重性命双修的。清代彩绘《修习喜佛》图册绘有一套密宗的修习方法，与气功道引的形式及其养生效应相近。上图为第二十五式，下图为第二十七式。

密宗发展的基础。

开元八年（720），金刚智到长安后也被尊为国师，主传"金刚界"密法。他的弟子不空跟随来华，在长安协助他的译经事业。天宝五年（746）不空从印度带回密教经典1200卷，从此开始大规模的译经工作，并设内道场，为玄宗、肃宗、代宗三代唐帝灌顶受法，成为三代帝师，他译出密教经典111部，143卷，成为中国佛教史上四大翻译家之一。密宗在开元三大士的大力弘扬和中唐几位皇帝的推崇下，盛极一时，特别受到宫廷贵族们的垂青。而且，在密宗的神秘宗教仪规中，男女双修（男女裸体相抱）是最为特殊的。9世纪以后，密宗逐渐在汉地失传，只有从印度传入西藏的密教后来成为藏地的喇嘛教。

《太白阴经》出现

隋唐五代时期，兵学研究兴盛，出现了200多部兵书，可惜这些兵书大多散佚，《太白阴经》便是仅存的几部兵书之一。

《太白阴经》是兵家思想和道家思想融合的产物，又名《神机制敌太白阴经》，撰者李筌可能是唐玄宗时人，古人有太白主军戎杀伐之说，所以此书命名为《太白阴经》。

《太白阴经》分为10卷100篇，其思想主要体现在《人谋》上下篇中，博采道、儒、兵家军事思想之长，形成一些独到见解。《太白阴经》强调"人谋"，认为国家强弱、战争胜负的关键不在天之阴阳、地之险阻、人之勇怯，而在于"人谋"，只要"人谋"得当，就会无往不胜。书中从三个方面阐述"人谋"，即

荐福寺小雁塔。建于唐景龙年间（707～709），塔身为方形密檐式砖塔，原为15层，经多次地震影响，现存13层。全塔朴素无饰，除第一层塔身较高外，以上各层密檐层叠，几乎不见塔身。全塔外部轮廓具有明显收分，成缓和的曲线状，比例合宜，具有秀美的艺术风格。

"主有道德"、"致富强"和"重谋胜"。此书将《老子》的思想作为人主行动的最高准则,并以此立论,成为全书中心,同时也不排斥儒家的"仁义",兵家的"诡谲",主张将其统一起来。《太白阴经》还主张重农兴商以增加国力、施智用贤以强化军队,要求起用贤能,提拔贤人于穷困之境,指出历史上伊尹、太公、伍员、范蠡、管夷吾、百里奚、韩信等名将都能凭此立一世之功。同时要按智勇双全的原则慎重任将,根据用人之长的原则选士用才,爱护兵士,严明刑赏,只有这样才能富国强兵。在战争指导上,《太白阴经》认为上策是"不战而胜",强调用兵之前周密筹划,战争之中力争主动,并重视机遇、重视地利。另外,此书对兵之"形"有新的认识,阐明了"形"与"神"的辩证关系,发展了《孙子》"形"的理论。书中关于风角杂占、奇门遁甲等的证述则包含许多不科学内容。

渤海吸收汉文化

713年,靺鞨人首领大祚荣归顺唐政府,接受唐册封,专称渤海。渤海的统治阶级十分重视汲取唐内地先进的文化,并且形成了自己的文化特色。

渤海王室尊孔崇儒,将儒家的政治思想作为经邦治国、立政施教的根本,渤海中央官府机构和官吏及士人的命名,都直接取自儒家经典。渤海人十分重视教育事业,一方面积极选派学生到唐内地学习,学成归来后委以重任;另一方面在国内设文籍院收储图书,建胄子监就地培养统治人才。

早在渤海建国前,佛教就已在部分靺鞨人中流传,建国后,又为渤海上层统治阶级所崇信,在唐内地的影响下,佛教在渤

唐代渤海侍卫与伎乐壁画

海成为传播最广、影响最大的教派。渤海第三代王大钦茂尊号有"金轮圣法"，他的第四女贞孝公主葬用塔墓都表现渤海王室是笃信佛教的。渤海的官员也大都信仰佛教，渤海的佛教僧侣不仅从事佛事活动，还参预政治和外交活动，可见佛教在渤海很是兴盛，僧侣已成为社会的重要阶层。

汉字是渤海的通用文字。目前发现的两个公主墓志和砖瓦上的文字都是汉字写成，可见汉字已被渤海的官方和民间习用。渤海的文学也很发达。传世的文章都是用唐初流行的骈体文写成，文笔流畅，对仗工整，两个墓志的文字也与唐内地的金石文字的风格极为一致。渤海的诗歌也有较高的成就。

渤海的建筑技术已达到相当高的水平。无论城市，还是宫殿、官署、寺庙的建筑都很得体，如上京城的布局，与唐长安城极为相似。渤海的绘画在文献上虽有零星记载，但作品无存，无从考查。1980年于贞孝公主墓中出土的壁画，人物体态丰颐，着色浓艳，线条遒劲。人物形象、服饰等与唐永泰公主墓中所绘壁画极为相似，所执器物也基本一样。渤海的雕刻也有较大的成就，以石雕最为突出。贞惠公主墓出土的石狮，造型逼真，古朴洗练，从造型和刀法上看和陕西省唐乾陵的石狮极为相似，表现出浓郁的盛唐风格。

渤海不只本身全面接受了唐内地先进的文化，而且还是向日本传播的使者，在吸收的同时，逐步创立了自己的文化。

《贞观政要》记载政治得失

《贞观政要》是记载唐太宗李世民政绩及君臣论政的史书。唐吴兢（约669~749）编撰，成书于唐玄宗开元初年，共10卷40篇，约80000字。它以君道、政体、任贤、纳谏等为篇目，分别采录唐初贞观年间（627~649）太宗李世民同魏征、王珪、房玄龄、杜如晦等大臣的政论、奏疏及重大政治措施内容，表现出唐初君臣开明进取的政治思想。

《贞观政要》的主要内容包括治国方针、申明法制和崇尚儒道、选贤任能、敬贤纳谏等方面。重民思想是李世民制定治国方针、政策的出发点：君是舟，民如水，水能载舟，亦能覆舟，因而"存百姓"成为贞观年间与民生息政策的思想基础；"存百姓"的具体内容是解决吃穿问题，从《贞观政要·务农》

可看出，唐太宗清楚地认识到：国家的根基在于人民拥护，人民的拥护在于生活富裕，生活的富裕在于生产发展，生产的发展在于

唐六屏式鉴诫画

社会安定，社会的安定在于正确的政策，而正确的政策在于统治者清心寡欲和克己奉公。所以唐初宣传"存百姓"作为获取民心、缓和矛盾以巩固社会秩序的手段，这继承和发扬了古代的民本思想。同时为国之道必须"抚之以仁义，示之以威信"（《贞观政要·仁义》），把推行伦理教化和施刑罚结合进来，反对暴政，通过仁政来立制度、纪纲，提倡伦理道德来实现礼治的目的。

《贞观政要》记载了唐太宗广开言路、从谏如流的治国思想，"任贤良、受谏诤"。国君深居九重，只有靠纳谏来倾听逆耳之言，纠正自己的缺点和错误。贞观20余年间讽谏成风，据统计，前后向李世民进谏的不下30人，除魏征外，还有刘洎、岑文本、马周、褚遂良等。特别是魏征提出"兼听则明，偏听则暗"的命题，得到唐太宗的首肯。这样唐朝君臣就能避免和防止错误，正确制定和执行有利于国家而又符合客观实际的政策，对健康正常的政治生活起了不可忽视的作用。

唐太宗崇尚亲疏并举、德才兼备的用人原则。"孜孜求士，务在择官"（《贞观政要·政体》），但是为官择人，不可造次，必须才行俱兼，始可任用。当然他并不是主张求全责备，苛求于人，只是要求德适其位，能当其任，人尽其才，各得其所。

《贞观政要》体现的唐太宗君臣的治国安邦政治思想，吸取了古代政治思想的精华，总结了历代政治兴亡的得失，在中国古代政治史上有着重要意义，它是中国开明封建统治的战略和策略、理论和实践的集大成。《政要》颇受唐朝统治者重视，列为唐朝以后皇家子孙的必读教本，后来传入朝鲜、日本，也备受推崇。

THE CHINESE CIVILIZATION

721~730A.D.

唐朝

721～730A.D.

722A.D. 唐开元十年

五月，以余姚县主女慕容氏为燕郡公主，妻契丹王郁干。小勃律为吐蕃所攻，求救于北庭节度使；发兵救之，大破吐蕃。康待宾余党康愿子自称可汗，张说击擒之。

723A.D. 唐开元十一年

五月，置丽正书院，聚文学士，或修书，或侍讲。九月，吐谷浑去吐蕃，诣沙州降。

724A.D. 唐开元十二年

十月，谢䫻国王遣使奏金城公主欲向之借兵拒吐蕃。是岁，契丹王李郁干死，弟吐干嗣。

725A.D. 唐开元十三年

三月，禁锢酷吏来俊臣等子孙。五月，刘定高以迷信聚众，攻通洛门，败死。十月，作水运浑天仪及地平令仪成。十二月，以契丹王邵固为静折军经略大使。

726A.D. 唐开元十四年

正月，以帝从甥陈氏为东华公主，妻契丹王李邵固；以成安公主女韦氏为东光公主，妻奚王鲁苏。

727A.D. 唐开元十五年

十一月，瓜州刺史张守珪败吐蕃于城下，升州为都督府，即以守珪为都督。僧一行去世。

728A.D. 唐开元十六年

春，泷州僚陈行范、冯璘、何游鲁起事。七月，吐蕃扰瓜州，张守珪败之；寻河西、陇右军大破吐蕃于渴波谷，拔大莫门城。八月，张说上新修开元大衍历。

729A.D. 唐开元十七年

三月，张守珪等击吐蕃，大破之，朔方兵拔石城堡，更名振武军。

730A.D. 唐开元十八年

四月，兼吏部尚书裴光庭改选法，一循资格。契丹将可突干杀其王李邵固，并胁奚人附于突厥；奚王李鲁苏及东光、东华二公主皆来奔。

李邕写《麓山寺碑》。

726A.D.

拜占廷帝国寺院主义渐盛，挂名寺籍者日众，严重影响生产力，土地亦多集中寺院。李奥三世倡毁坏圣像运动，以遏止之。自此与教会之斗争时作时辍，绵延百余年之久。希腊教会与罗马教会之最后分裂亦肇端于此。

宇文融检括逃户

唐代在北齐租庸制的基础上,根据户口实行租庸调法。但是日子一久因户口逃移,造成田籍错紊。开元九年(721)二月,唐政府任命宇文融为劝农使,检括(即搜索清理)逃移户口及籍外田亩。

宇文融,京兆万年(今陕西西安)人,开元初任监察御史。开元初期,由于赋役较重,民户逃亡,隐漏严重,唐政府实行摊逃政策,由近亲邻保代输逃户所应付的租庸课税,从而逼使更多的民户逃亡。为了增加赋税收入,扩大徭役、兵役和差科来源,开元九年正月,宇文融奏请检括。唐玄宗采纳了他的建议,于二月十日,下诏:"州县逃亡户口,允许在百日内自首,或就地附籍,或解送故乡,各从所欲。过期不报,一经查出,就解送边州。有包庇者,一律抵罪"。宇文融被任命为劝农史,主持检括工作,另设劝农判官29人,为摄御史,分巡天下,并规定新附逃户免6年租调、徭役。由于使者催逼甚急,州县官又逢迎上司,于是虚报数额,乘机谋私利,百姓苦不堪言。

针对州县烦扰百姓的现象,开元十一年(723)八月,玄宗下诏令各括户州使百姓安居乐业,次年(724)六月又下诏令逃户自首,开辟逃户所在地区闲散土地令其耕作,斟情减免税收杂役,免掉一切租庸,仍以宇文融为劝农吏巡行州县,与史民议定赋役。

开元十二年(724),检括户口工作基本结束,共清理搜索80余户,田数亦相当,到年终,得新增缗钱数百万贯。

府兵制解体·开始募兵

唐初年,兵制沿用隋朝的府兵制,兵农不分;开元十年(722)八月,玄宗采纳张说的建议召募壮士充当宿卫,府兵制开始解体。

唐初的府兵制和均田制的联系很紧密,府兵均由逃选的丁壮充当,21岁入军,60岁免役。府兵和民户一样按照均田制受田,农忙时生产,农闲时受训,但府兵不服徭役，不纳租调。府兵的主要任务是轮流到京城宿卫，遇有战事才应召出征，宿卫、出征都自备兵甲衣粮，战事结束则解甲归田，一如往常。开元年间，均田制瓦解，百姓逃亡或迁移严重，府兵来源也因此严重短缺。张说建议召募壮士充宿卫兵，不问色役（指徭役种类），都从优待遇，以前的逃兵一定争出应募。玄宗采纳了他的建议。果然，仅十天左右就招募到13万精兵，分属诸卫，轮番替换。兵农之分自此开始，募兵为职业兵。

第二年（723），政府又挑选丁壮12万人，充当长从宿卫，1年2番，州县不得再派劳役，十三年（725）再将长从宿卫更名为彍骑，兵士军粮也由国家发给。二十五年（737），唐又审计兵防定额，召募丁壮（称长征健儿）充作长期边防军。至此，京城宿卫和征戍兵士全部由召募丁壮充当，府兵制名存而实亡。天宝八年（749）五月，宰相李林甫奏请停用折冲府上下木契、鱼书，府兵有官无兵，府兵制彻底解体。

赵柳氏创夹缬法

开元十二年（724），赵柳氏创造出夹缬法（即镂染）。赵柳氏是玄宗宫人柳婕妤之妹，嫁与赵氏，在家从事纺织，积累了丰富的印花经验，创造了夹缬法。缬，即印染花纹。所谓夹缬法，就是用两块木版雕刻同样花纹，以绢、布对摺夹入此二版，然后在无花纹的雕空处染色，使花纹呈现对称而齐整的美感。这样印成的织品也称为夹缬。夹缬法也称"镂染法"，赵柳氏用此法制成文锦一匹，献给王皇后，被玄宗看见，大为赞赏，便下诏广为推行其法。这种夹缬，在敦煌的唐代墓葬中曾发现数片。夹缬法体现了唐代工艺美术的进步，开创了染缬技术的新纪元。

唐纹锦履

第一次实测子午线长度

唐代僧一行。一行（683～727），本名张遂，魏州昌乐（今河南乐县）人。唐代著名天文学家、佛学家，在编制《大衍历》和主持天文大地测量方面贡献卓著。

唐代开元十二年（724），中国的一行进行了世界上子午线（经线）1°弧长的第一次实测工作，比阿拉伯天文学家阿尔·花剌子密于814年进行的实测早90年。

一行（683～727），本名张遂，魏州昌乐（今河南省南乐县）人。中国唐代高僧、天文学家和大地测量学家。

开元年间，一行为编撰《大衍历》，发动和组织了大规模的全国天文大地测量，测量点共12个，南至交州，北达铁勒。他们测量了各测点二分二至时正午日影长度、测点的北极高度以便决定南北昼夜的长短，还测量了各地日食的食分等。一行发明了《覆矩图》，并以丹穴为南界，幽都为北界，极高每变化一度，相应的变化就用覆矩图表示出来。这些测量为《大衍历》关于日食和昼夜长短的计算提供了很重要的数据。

而一行所领导的，由天文学家太史丞南宫说等人主持的在河南的测量，是这次测量中最为重要的。本年，他们在大致位于同一子午线上的白马（今滑县附近）、浚仪（今开封西北）、扶沟和上蔡四地测量了夏至正午日影长和北极高度，并用测绳丈量了它们之间的距离。经归算，从白马到上蔡有526.9里，日影长相差2.1寸。一行通过与其它地方的测量相比较，得出地上南北相差351.27里，北极高度相差一度。我国古制1里等于300步，1步等于5尺，一唐尺等于24.525厘米，1周天等于365 1/4度，据此可换算出北极高度变化1度，南北之间距离为129.22公里（今测值为1°弧长111.2公里）。

《周髀算经》中讲述盖天说关于天地距离，周都至北极下的距离，冬至太阳所在外衡的半径等数据，均以"日影千里差一寸"的假设进行推算。南朝时何承天派人去交州测影，从而得到了"是六百里而差一寸"，几百年来被人们奉为经典的说法开始受到怀疑。隋代的刘焯很希望组织一次较大规模的大地测量以得出较正确的结果，但隋王朝荒淫无度，很快覆灭，未能如愿。唐代一行组织的这一次大地测量，不仅为《大衍历》成为一部优秀的历法作出了贡献，而且彻底否定了"日影千里差一寸"的陈见，故意义十分重大。

公元前3世纪末，古希腊天文学家厄拉托塞内斯是在地为球形的思想指导下设法测量地球周长的；毕达哥拉斯学派从旅行者看到的极高变化而想到大地为球形。遗憾的是，中国传统天文学中没有明确的地球概念，一行等虽已测出了地球子午线1°的弧长，已经走到发现大地为球形的边缘，却仍与这项发现失之交臂。

一行等作水运浑天仪

唐开元十三年（725）十月，僧一行和梁令瓒及诸术士合作，制成了水运浑天仪。

浑天仪以铜铸造为球形，球形浑象内列满星宿，注水冲轮，使球形浑象旋转，自转一周为1日1夜。球形浑象外又安置2个圆环，环上缀日月。日标每昼夜回转一周，又沿黄道（太阳在天球中的视运动轨道）东行一度，365日沿黄道移动一周；月标每昼夜回转一周，27日半沿白道（月球在天球中的视运动轨道）移动一周，为1月。水运浑天仪放置在木柜上，木柜顶端和地面持平，使浑

分野。分野图即天象分野图。分野之说是我国古代星占术中的一种概念，它认为地上有各州、郡，天上也有对应区域。这幅分野图保留了隋唐以来分野图的精华，是研究古代分野说的珍贵资料。

天仪一半在地上一半在地下。另外，有两木人立于平地上，前置钟鼓，以候辰刻。其一每刻击鼓，另一则每辰（今两小时）撞钟。所有机关都藏在柜子里面，时人都惊叹其巧妙。

浑天仪全称为"水运浑天俯视图"，制成后放在武成殿前。运行后仪器被水击湿而不能自转，于是被收藏在集贤院中，不再使用。

水运仪天仪既能表示天体运动，又能指示时间，是后世天文钟的前身。

大破吐蕃

自开元十五年（727）十二月，唐玄宗下诏集大军征讨吐蕃开始，到开元十八年（730）吐蕃向唐致书求和终，双方进行长达3年的战争，唐大破吐蕃。

开元以来，吐蕃自恃国力强盛，用敌国礼（地位相等国家之礼）致唐文书，而且措辞悖慢，玄宗怒气平。开元十四年（726）冬，吐蕃大将悉诺逻自大斗谷进攻甘州，烧杀掳掠后退兵。河西节度使王君㚟跟踪已疲惫不堪的吐蕃军，至青海西大破吐蕃后军，俘获其辎重羊马数以万计。这次战役的胜利使玄宗更加重视对吐蕃的战争。727年9月，悉诺逻率军攻陷瓜州城以雪青海一败之耻，接着又进攻至门军和常乐县，但因唐有备而无功而返。12月，玄宗诏令陇右道，河西道及关中、朔方兵马十几万互相支援，开始大规模对吐蕃的战争。728年7月，吐蕃进犯瓜州，被都督张守珪击退。11月，河西、陇右两军合力在渴波谷大破吐蕃军，陇右军乘胜攻占了大莫门城，

于阗国王供养人像。于阗是丝绸之路上有悠久历史的古国。本图显示于阗国时期人物的风貌。

擒获大批敌兵。8月，河西军再破吐蕃军于祁连城下，吐蕃大将被俘，吐蕃军溃散，逃入祁连山，哭声震谷。729年3月，瓜州都督张守珪和沙州都督贾师顺又在大同军地区大破吐蕃，同时，朔方军攻克吐蕃重镇石堡城，令吐蕃军无法前进，自此河、陇诸军得以游弈自如，拓地千余里。玄宗闻讯后龙颜大悦，将石堡城改名为"振武军"。唐各路大军通力合作，奋力征战，吐蕃一败再败，气焰顿消，而唐西部疆域不断向外延伸，朝野欢悦。

开元十八年（730）五月，吐蕃派使者到唐大军中致书求和，未能如愿。同年9月，吐蕃接连失败，恳请与唐和亲，玄宗应允。吐蕃赞普大喜，派遣大臣论名悉猎入唐朝贡，并且表示"倘使复修旧好，死无所恨"。从此，吐蕃重新归附于唐。

百官春月旬休游宴

开元十八年（730）二月，百姓乐业，边陲无事，百官公事趋于简单，空闲时间多，于是玄宗许文武百官逢春月旬休时，可以根据喜好自选游览胜地，自行宴乐。

唐《游骑图》（部分）。作者佚名，画上共七人，其中五人骑马，二人步行。他们或挟弹弓、或背弹丸，或持打马球的球杖联骑出游，反映了当时仕宦人家的生活和风尚。作者以非常简练的线条，描绘了人物和马色，劲健而富有情味。

旬休即旬假，是唐代百官上班的例假，每月有3天（1、11、21日）。高宗永徽三年（652）2月规定："每至旬假，可不视事，以与百僚休沐"，但并未许可游宴，直到唐玄宗时方开此例。自730年起每到春月18日，从宰相到员外郎，均可得到5千缗赏钱，用来开筵舞乐。玄宗有时也驾御花萼楼，邀请百官回朝廷一同宴饮，君臣同乐，尽欢才散。

允许百官春月旬休游宴，包括同年3月恢复京内职官的职田，都是开元盛世国富民安的体现。

肖嵩挽救河西危局

开元十五年（727）九月，回纥承宗的族人护输纠合党众，为流放瀼州的承宗报仇，在甘州南部驿站巩笔伏兵袭击河西节度使王君㚟。君㚟率领数十人奋力作战，但因寡不敌众，被护输所杀。

王君㚟败丧的消息使河、陇震骇，在此前不久，吐蕃已起兵摧毁瓜州城，河西局势告急。十月，朝廷任命朔方节度使肖嵩为河西节度使，肖嵩委任刑部员外郎裴宽为判官，协同君㚟判官牛仙客执掌军政，人心渐安。

肖嵩再奏请以张守珪为瓜州刺史，率领众人修筑被毁的瓜州旧城，板干才立，吐蕃突然攻至，张守珪设奇计在城中饮酒作乐，使吐蕃疑其有备，不战自退，守珪乘机带兵追击，大败吐蕃军，随后，继续率众修复城市，收合流散居民，恢复旧业。朝廷表彰其功，肖嵩也因推荐人才有功受到嘉奖。

当时，吐蕃大将悉诺逻威名远播，对河西时有威胁，肖嵩于是运用反间计，说悉诺逻和中国通谋，使吐蕃赞普疑虑而杀之。吐蕃折损一员大将，势力大为削弱。十二月，肖嵩又奏请集合陇右、河西等道兵马10余万以防吐蕃。至此，他完全扭转了河西局势，使其转危为安。

裴光庭奏请论资论辈

开元十八年（730）四月，吏部尚书裴光庭开始奏请"循资格"（即按资历）选官进阶。

唐代选官进阶本无定制，只按才能的大小而升降（惟才是选，不问其他）。有的越级超迁，有的久居下位却长期得不到擢升；有的早就取得做官资格，但20余年也得不到俸禄。而且，州县官吏也不分大小远近，有的人先当了大州大县官，后来却被移任为小州小县官。因此，并无统一的注册授官制度，较为机动灵活。

730年4月，裴光庭兼任吏部尚书后，使奏请论资排辈。具体方法是：罢官之后，根据各人"考选"的次数而累集到吏部，官位高的人少选，官位低的人多选（照顾卑官）。选次一满，就可以注册授官，按年升级，决不可超越，只要不犯错误，一律有升无降，可见裴光庭的所谓"循资格"和北魏崔亮的"停年格"，都属于重视年资、轻才学的论资排辈用人制度。此法被奏准而实行后，劣愚无作为的庸碌之辈都异常欣喜，大赞裴光庭的奏书为"圣书"，而才俊之士及有作为的官吏则无不怨叹。宰相宋璟曾与裴氏据理力争但毫无结果。裴氏还令非品官的流外人员也到门下省审定，为他们铺开升官之路。

唐代开始发行官报

唐代的官报，是由各地派驻长安负责呈进奏章和通报消息的进奏院和进奏官们分别向各个地方抄发的，当时通称为进奏院状报、进奏院状、邸吏状或报状。1900年在敦煌石窟发现的唐僖宗光启三年（887）的进奏院状，就是一份唐代的官报。开元杂报是发布于唐玄宗开元十二年至十四年（724～726）的官报。"开元杂报"不是固定的报名，是唐代人对当时官报的泛称。它是"系日条事，不立首末"的"数十幅书"，其中的记事，凡"数十百条"。内容以报道朝廷政事为主。

唐代官报。于甘肃敦煌藏经洞发现的进奏院状。

唐代冶金技术进一步发展

唐代的冶金技术与前代相比，不仅冶炼规模明显增大，而且产品数量、品种、质量都有明显增加和提高，操作技术更为纯熟。

一是炼铁技术的进步。1958年，在安徽省繁昌县的竹园湾、三梁山、铁牛山一带，在十里左右的范围内发现了6处较大的冶铁炉遗址，17个废墟墩，以及一些较小的冶铁址，遗址大体皆属于唐宋时期，竹园湾炉址保存较为完整，从现在保存遗址看，竹园湾炼炉是具有炉身角和炉腹角的，其炉子规模虽较古荥汉代竖炉为小，但它与当时的鼓风能力、燃料条件等更为适应，反映唐宋炼铁术比汉代前进了一大步。

二是胆水炼铜技术的产生和发展。约成书于唐乾元元年至宝应年间（758～763）的《丹房镜源》记载："今信州铅山县有苦泉流以为涧，挹其水，熬之则战胆矾，即成铜，煮胆矾铁釜久久亦化为铜也。"五代时，胆水炼铜术又有了发展，五代轩辕述《宝藏畅微论》载："铁铜，以苦胆水浸至生赤煤，熬炼战而黑坚"，可见当时胆水炼得的铜已有"铁铜"这一专门名称。

三是黄铜技术的发展。南北朝时，我国开始使用人工配制的黄铜，唐时，它不但成为服饰军级的一种标志，而且还用到佛象装饰上。《旧唐书》卷45《舆服志》中说"……八品九品饰鍮石，流外及庶人饰铜铁……"此处的"鍮石"便是黄铜，《新唐书》卷54《食货志》也有有关用黄铜做装饰的记载。

四是砷白铜技术的发展。砷白铜的前身是黄色铜砷合金，有关黄色铜砷合金配制方法的明确记载始见于葛洪（283～343）的《抱朴子·黄白篇》。大约在葛洪稍后，后赵（319～351）著作《神仙养仙秘术》便比较详细地记载了雄黄、雌黄制作白色铜砷合金的方法。隋唐时期，砷白铜技术逐渐成熟起来，隋开皇年间（581～600），苏元明在《金藏论》中便对雄黄、雌黄、砒霜点化黄色和白色铜砷合金的经验作了简单总结："雄黄者以草药伏住者，熟炼成汁，胎色不移，若将制诸药汁并添得者，上可服食，中可点铜成金，下可变银成金"。"砒霜者草伏住火，烟色不变移，熔成汁添者点铜成银"，以雌黄、砒霜点铜而成之"银"应是砷白铜。

五是有关失蜡法铸造技术的发展。《唐会要》卷89说：武德四年（621）七月十日废五铢钱，行开元通宝钱，"询初进蜡模，因文德皇后捻一甲迹，故钱上有捻文"，此"蠟"即蜡，"蠟模"即特质之钱样，这个记载充分说明开元宝通最初使用失蜡法铸造。

六是翻砂法铸造技术的出现。唐初开始使用翻砂铸钱，工艺原理与今翻砂法基本一致，其钱模有"铜母"、"锡母"两种。

七是锻铁工艺的继续使用。我国古代可锻铸技术在汉魏时期已发展到了相当成熟的阶段，后因炒钢技术的发展，在农业、手工业工具中出现了"以锻代铸"的过程，铸铁可锻化退火处理亦逐渐衰退下来，但从现有分析资料看，一直到唐代还使用过这一工艺。

王希明重建三坛二十八宿

中国古代第一个完整的星宫体系是西汉时期由司马迁总结完成的，记录在《史记·天官书》中，这是一个将二十八宿划分为东南西北四宫，将北天极附近天区划入中宫的五宫体系，天有五星，星有五宫，地有五行，司马迁的星宫体系虽然较为完善，但未能区分汉代以前

唐梁令箭《五星二十八宿神形图》（部分）

早已形成的巫咸、甘德和石申三家星宫。

第一个又能区分三家星，又是统一的一个星宫体系是三国时代吴国太史令陈卓建立起来的，该体系划分有283个星宫共1464颗星，除了二十八宿还有铺宫附座。刘宗元嘉十三年（436），太史令钱乐之曾制作过地平在球内的浑天象和地平在球外的浑象，上面所缀星象用红、白、黑三种颜色分别表示石、甘、巫三家星宫，是陈卓星官体系在浑象上的具体应用。

唐朝 618~906A.D.

唐梁令瓒《五星二十八宿神形图》（部分）。绢本设色。中国古代对天文的研究有很高成就，对五星观测起源很早，而对二十八宿的了解也始于渭水周族，以赤道距度为凭测天，表现了上古天文学的进步和特色。在特定的历史环境下，许多古代天文学家也擅长占卜，这种占星术引起对星象观测的注意，对天文学的发展起了一定作用。在古代若干观天历算的经典中，往往将五星、二十八星宿比喻为人形、兽形、鸟形及器用等，这些经典时常附图，《五星二十八宿图》应属这一类型的图绘。每星、宿一图，或作女像，或作老人，或为婆罗门及其他怪异形象不等，卷首题"奉义郎陇州别驾集贤院待制仍太史梁令瓒上"，其后逐段篆书题其星、宿名称及形象。

　　隋文帝杨坚在位期间让天文学家庾秀才、周坟等人以钱乐之浑象上的星官为底本，参照周、齐、梁、陈各国官方星图以及祖暅、孙僧化等各家私家星图，重新编绘出一幅图形星图，该图核校了甘、石、巫三家星位，绘有内规和外规，内规以内的星常见不稳，外规以外的星为观测不到的南天星，中间绘有黄道和赤道，当时由于不懂黄道投影到赤道平面上为一扁圆而将黄道也画成一个大圆，但这幅星图使陈卓星官体系得以留传。

　　陈卓的星宫体系还通过星象赋的形式留传，这就是在敦煌发现的陈卓所

THE CHINESE CIVILIZATION

撰的《玄象诗》。《玄象诗》中虽然出现紫微垣、太微垣和天市垣三垣的名称，但其中只有紫微垣单独列出，太微垣和天市垣是在介绍三家星中顺便提到的，没有叙述"围垣"内的恒星，只介绍了作为"围垣"的诸星，另外，书中介绍星官的顺序并未按二十八宿，而是按石氏中外官、甘氏中外官和巫咸氏中外官的顺序进行，从客观效果上看，不按二十八宿编排，实用中不方便。

唐代改变了这种因强调三家星的区别而打乱二十八宿的旧体系，丰富了三垣的内容，建立了在中国古代流传最久的三垣二十八宿体系，这一新体系的建立者是《步天歌》的作者王希明。

王希明是唐代开元时人，《新唐书·艺文志》记有"王希明丹元子步天歌一卷"，很可能他号为丹元子，步天歌星宫系继承了陈卓区分三家的作法，但是在原有基础上有了很大的发展，王希明根据当时实际使用情况，舍弃了许多原三家星，削弱三家星的作用，按三垣二十八宿星新规划了全天可见的星宫，更加方便和实用。

《东方亢宿》四星恰以弯弓状，大角一星直上明，折威七子亢下横，大角左右摄提星，三三相对如鼎形，折成下左顿玩星，两个斜安黄色精，顽西二星号阳门，色若顿玩直下存。

《西方娄宿》三星不匀近一头，左更右更乌夹娄，天包六个娄下头，天庾三星仓东脚，娄上十一将军侯。

郑樵在《通志·天文略》中认出《步天歌》"只传灵台，不传人间，术家秘之，名曰鬼料窍"，但由于它"句中有图，言下见象，或约或半，无余无失"，还是秘密地有所流传，所以有不同版本的《步天歌》留传于世，正因为如此，三垣二十八宿的星官体系得到普及。

星图进入日常装饰

隋唐时期的天文学发展很快，取得的成就也是喜人的，恒星观测体系的完善使得人们有更多的机会了解天上的恒星，同时也使得星图进入日常装饰。

星象知识的普及可以从敦煌藏经洞中发现的星图以及唐代和五代时期的墓室星图看出，现今知道的一些唐代墓室星图多为表意性的，属于唐代早期的李寿墓的星图有带三足鸟的日像与有摇树玉兔的月像，分别绘予两端，中间有分叉的天河、天河两旁是缀满星点的星空背景；唐懿德太子及其妹永泰公主墓以及章怀太子墓室中也有类似的天象图，其用意不得而知，可能是为了使死者免于在永久的黑暗之中，让他们继续生活在有日月星三光照耀的环境之中吧，但是位处边陲的新疆阿斯塔那墓室星图，除日月以外周围还有二十八宿的形象，银河位于中央，这幅唐代的墓室星图虽然也是表意性的，但是星点已不是随意点上去的，二十八宿图案经艺术化处理显得十分齐整，然而各宿的形象仍很易辩认，可见当时星象知识的普及程度，此外，出土的唐代铜镜上也有二十八宿图案，这是上层社会的日常用物，反映出工艺设计匠人的天文知识水平。

值得特别提出的是五代时期吴越国的墓室星图，例如杭州出土的越国文穆王钱元瓘墓内的石刻星图及其次妃吴汉月墓的石刻星图，这些图直径两米，图上二十八宿的位置是参照位置比较准确的星图底本刻出来的，看来这些星图含有比装饰更深的内涵。

白云子创三戒

景云二年（711），唐睿宗请司马承祯（自号白云子）到宫中，询问"阴阳术数之事"。司马承祯以"无为之旨，治国之道也"应答，得到睿宗的大力赞赏，并赐与宝琴、霞纹帔等物。承祯不想住在长安，坚决要求回天台山，睿宗同意了。尚书左丞卢藏用指着终南山说："在这山隐居就很不错了，何必非要回天台？"承祯道："依我看来，此山不过是求官的近路罢了。"原来卢藏用当年就曾隐居终南山，以示清高不愿为官；武后听说，征聘他为左拾遗，现卢已官至尚书左丞，因此司马承祯这样说是有所指的。

司马承祯（647~735），河内温县人，法号道隐，是南朝著名道士陶弘景的四传弟子，事师潘师正。著道书多种，其中以《坐忘论》和《无隐子》最为重要。

白云子在道教中，不注重炼丹、服食、变化等数术，而提倡静修正心。他大量吸收佛教止观学说及儒家正心诚意之学，以老庄思想为主体，阐释"主

THE CHINESE CIVILIZATION

静"和"坐忘"的修养理论。他认为，道是一种神妙莫测的东西，如果能得到它，就可以长生不死，即"人怀道，形骸以之永固"。人要"得道"，关键在于"修心"，因为"心为道之器宇，虚静至极，则道居而慧生"。而"修心"的关键又在于"主静去欲"，这样才能达到进入道的第一步功夫。进一步的修炼功夫是要达到"无心于定，而无所不定，故曰泰定"的境界，即所谓"坐忘"，"坐忘者，何所不忘哉？内不觉其一身，外不知乎宇宙，与道冥一，万虑皆遗。"最终达到"安坐收心离境，住无所有，不著一物，自入虚无，心乃合道"的修真境界。他还提出了斋戒、安处、存思、坐忘、神解的修道五步骤，称为五渐门；又以敬信、断缘、收心、简事、真观、泰定、得道定出修道七阶次；最后将二者概括为"三戒"："一曰简缘，二曰无欲，三曰静心"，形成了较完备的修道理论。

绢帛代钱衰落

绢帛是丝织物的总称，有锦、绣、绫、绮、罗、纱、绅、绢、绝、缬、缎等种类，这些丝织物都可以被当作货币使用，其中最普遍的是绢和缣。除此之外，以麻、苎、葛等为原料的布也可以作为货币使用。这种以绢帛为货币的习俗从南北朝一直延续到隋唐五代，不仅在民间广泛使用，而且也得到了政府法律的确认，成为重要的法定支付手段之一。

唐政府不仅多次下令申明绢帛作为货币的合法性，而且还鼓励民间交易中使用绢帛为货币。唐玄宗曾在敕令中强调"布帛是本，钱刀是末"，并规定所有庄宅口马交易都要先用绢、布、绫、罗、丝等物，其余市价1000以上的也要钱物兼用，否则便给予处罚。因此，唐代民间交易中绢帛的使用非常广泛，旅行的路费、馈赠、赏赐、借贷、蓄藏等均使用绢帛。政府不仅庸调收纳绢帛，租税在两税法后也多纳绢帛。唐穆宗长庆（821～824）以后，政府甚至直接征收绢帛。政府在支付官吏俸禄、军费和皇帝赏赐大臣时也常常使用绢帛。在唐政府与周边民族的对外贸易和交流中，绢帛也具有非常重要的地位。

但绢帛为货币流通的现象是商品种类少、商品交换与货币经济不发达的表现。绢帛一经裁割,质地就会破损,久藏则会变质或朽坏,价值就会减损,而且也以避免短狭、薄绢之弊,所以作为货币的绢帛始终有很多缺点,与铜钱相比不如铜钱易于携带和保存。因此绢帛只是在初唐和盛唐时期作为货币盛行,但在盛唐时也开始受铜钱的排挤;随着商品交换和货币经济的迅速发展,绢帛作为货币的使用已越来越少,唐开元时期已很少有人愿意使用绢帛,致使政府不得不一再地申明和鼓励使用绢帛。

唐中叶以后,社会分工进一步扩大,社会经济得到了极大的发展,特别是最有典型性的茶业的兴盛和市场不断开拓,都使铜钱的流通不断增加,使绢帛的流通使用日益减少,越来越衰落。

水稻成为第一作物

从《齐民要术》和《四时纂要》的有关记载来看,隋唐农作物的构成有较大变化,粟、麦、稻是当时的三大粮食作物,但直到唐初仍以粟为首位,随着南方水稻生产的发展,纳稻代粟的数目越来越大。中唐以后,南方稻米岁运已达300多万石(《旧唐书·食货志》下)。中唐以后,南方的水稻在粮食生产中的地位已超过了粟,水稻成为第一作物。首先,品种的增多促进了水稻生产的发达。当时水稻品种缺乏系统记述,从唐诗和《四时纂要》等书的零星记载中收集到的品种有

梯田。战国时可能就有梯田,北魏《齐民要术》中的区田法为梯田雏形。经唐一代的发展,到宋代,梯田之名见于典籍。

白稻、香稻(香粳)、红莲、红稻、黄稻、獐牙稻、长枪、珠稻、霜稻、罢亚、黄穤、乌节等12种,绝大多数为长江流域及其以南地区所有。其中除白稻、香稻,黄稻以外,另外9种前代文献均未有记载,当为隋唐时新增品种,

THE CHINESE CIVILIZATION

而且多属晚稻品种。同时，唐代水稻的种植面积比前代大大增加，并广泛采取育身移植的栽培方法。

因此，水稻新品种的增加和晚稻品种的出现，育秧移植和早稻的栽种，无疑提高了水稻的产量和质量，又为稻、麦复种制的出现和形成创造了条件，使两年三熟的耕作制逐渐在南方推广，有的地方可一年两熟。长江流域在中唐以来已是最主要的农业区，实行稻麦轮作复种制，水稻产量大大增加。而且，稻麦轮作复种制的形成，反映到国家赋税制度上，便成为以夏秋两征为主要特点的"两税法"得以产生和实行的基础。

另外，水稻成为第一作物和唐代农具的改进，水利灌溉事业的发展、精耕细作程度提高等因素也分不开的。由于耕地农具改进，唐代江南水田已普遍实行犁耕，耕作技术也相应提高。耕地后，要进行耙地，然后是"砺䃺"，以用"破块滓，混泥涂也"。这是南方水田生产耕作精细化的一个标志。

水稻属于高产作物，自汉代起就已成为我国南方人民的主要食粮；中唐后它取代粟的地位成为第一粮食作物，反映了我国农业文明自北向南不断发展。

唐朝

731~740A.D.

731~740A.D.

731A.D. 唐开元十九年
正月，宦官高力士历谮死帝幸臣王毛仲，自是宦官势益盛。吐蕃求毛诗、礼记、春秋，与之。

732A.D. 唐开元二十年
正月，遣信安王祎等击奚、契丹，三月，祎等大破之，契丹可突干远遁。九月，张说等上新修开元礼。

733A.D. 唐开元二十一年
二月，允金城公主请，立唐蕃界碑于赤岭。时有官一万七千六百八十员，吏五万七千四百十六员。

734A.D. 唐开元二十二年
七月，以裴耀卿为江淮、河南转运使，督运漕米，凿漕渠十八里以避三门之险。十二月，张守珪斩契丹王屈烈及可突干，余众皆降。

736A.D. 唐开元二十四年
张守珪使平卢讨击使安禄山击奚、契丹，败还，守珪执安禄山送京师，张九龄请杀之，不从，竟赦之。十一月，张九龄为李林甫所谮，罢政事，自是林甫用事。

737A.D. 唐开元二十五年
勃律为吐蕃所攻，来告急，帝令吐蕃罢兵，不从，因命河西兵击吐蕃，战于青海西，大破之，自是吐蕃复绝朝贡。

738A.D. 唐开元二十六年
南诏首领皮逻阁曾助唐破西洱河"蛮"，求合附近五部为一，许之，且册为云南王，赐姓名蒙归义；自后遂胁邻部，破吐蕃，势日盛，徙都太和城。

740A.D. 唐开元二十八年
金城公主死，吐蕃来告丧，且请和，不许。诗人孟浩然死。诗人、政治家张九龄去世。

732A.D.
阿拉伯将军拉曼帅师踰比利牛斯山，与法兰克宫相查理·马特尔军大战于都尔城近郊，阿拉伯人战败，自此未再北进。

734A.D.
法兰克王国采邑制开始。

THE CHINESE CIVILIZATION

宦官势盛

唐玄宗时，宦官十分得宠，往往可以升到三品将军之位。宦官奉使命经过各州时，当地官员往往趋之若鹜。宦官所得贿赂馈赠，最少也不会低于千缗。他们中的杨思勖、高力士尤其受宠。杨思勖多次领兵征讨，战绩卓著；高力士居中侍卫，更为玄宗宠信。四方所奏章程，都先由高力士过目，然后再奏唐玄宗，而一些无关大局的事一般由高力士决断。因此，高力士权倾内外，炙手可热。当时高力士、杨思勖与王毛仲不和。王毛仲本是玄宗藩邸家奴，他看不起宦官，恃宠骄纵，但玄宗每每都原谅了他，高力士、杨思勖因其得宠而无可奈何。适逢毛仲之妻生子，高力士借机向玄宗进谗言诬害毛仲，玄宗信以为真，下令将毛仲贬为襄州（今广西上思县）别驾，毛仲的4个儿子也都贬为远州参军。毛仲到达永州后，再被赐死。从此，宦官权势益盛。高力士与金吾大将军程伯献、少府监冯绍正结为兄弟，高力士母亲麦氏去世时，伯献等人披发受吊，号啕痛哭，胜过失去自己的亲人。高力士还娶吕玄晤之女为妻，提拔玄晤作少卿，其他兄弟为王傅（唐诸王傅，从三品官）。吕氏死后，朝野上下竞相祭拜，从邸第到墓地，车水马龙，络绎不绝。尽管如此，高力士处世还是比较谨慎的，安于权位，始终没有酿成大害。因此，唐玄宗一直十分信任他。

赐吐蕃以诗书

开元十九年（731）正月，唐政府派遣鸿胪卿崔琳出使吐蕃；三月，崔琳回到唐，吐蕃使者称金城公主要求赐予《毛诗》、《春秋》、《礼记》等书。唐廷内部争论不休。有人主张不给，理由是汉代懿亲东平王要求《史记》、《诸子》都没有给，况吐蕃本来就是唐的仇敌，如果将书赐予他们，他们就要学习用兵的法则，以后不利于中国。裴光庭等人却认为，吐蕃长期以来没有开化，思想愚昧，顽固不化，而且与中原分裂、争斗，新近才刚刚臣服。现在他们

《论语》。孔子的《论语》，既有为人处世道德水准的阐释，又有治国思想的陈说，所以被后人奉为儒家经典。图为唐写本郑玄注《论语》残页。

请求赐书，正是想开化愚民，启迪思想，渐渐与中原文化相归化。书中虽然有一些谈军事、谈权谋、谈奸诈的话语，但是大部分仍在启发人们行儒宗教化，教育人民学习忠信礼义之法则，能使其人民明白事理，这又有什么不可呢？唐玄宗听了两派建议之后，认为裴光庭等人所言很有道理，于是就把《毛诗》、《春秋》、《礼记》等一些儒宗经典各一部赐予了吐蕃使者，并允许吐蕃在赤岭和中原进行边关贸易，促进双方经济交流。

行开元新礼

开元二十年（732）九月，《大唐开元礼》颁行。

古代有王礼,祭祀为吉礼,丧葬为凶礼,军旅之事为军礼,宾客之事为宾礼,婚宴之事为嘉礼。唐初，太宗命魏征、房玄龄增补隋礼编成《贞观礼》，共130篇；高宗时，又命长孙无忌加以修改，整编成《显庆礼》，共130卷。开元十年（722），玄宗李隆基任命国子司业韦为礼仪使，掌管五礼。从十四年（726）起，大臣纷纷上书指出贞观、显庆礼的不足之处，张说建议删改《五礼仪注》，李隆基采纳了他的意见，诏令集贤院学士徐坚、李锐、施敬本等人制定新礼。编定工作尚未完成，李锐去世，肖嵩于是代替李锐，继续编撰。732年9月，新礼编成，命名为《大唐开元礼》，共150卷。

开元礼仍由吉、凶、军、宾、嘉五礼组成，而且许多地方参考或沿袭了

107

THE CHINESE CIVILIZATION

唐仪仗壁画

前代诸礼。开元礼吸收了显庆礼的祈谷、大雩、明堂等祭祀昊天上帝之礼；也吸收了上元敕令中父亲尚在子为母斋衰三年之礼，另外，它参考收集了高祖配圜丘、方丘及太宗配雩祀、神州地祇和睿宗配明堂等礼。

新礼编撰完成之后，立即呈送唐玄宗李隆基审阅，然后下诏全国实行。《开元礼》制定了比较完备的礼仪，后世一般沿用此礼，有时也增加或删改，但多数没有逾越此礼。贞元以后行"开元礼举"，即以《大唐开元礼》为依据。

李林甫为相

开元二十二年（734）五月二十八日，李林甫被任命为礼部尚书，同中书门下三品。李林甫原为吏部侍郎，柔佞多狡诈，他与宦官、妃嫔家交情深厚，故而对皇帝一举一动最先知道。因此他每次都能顺皇帝心态奏旨，获得唐玄宗赏识。当时武惠妃最得宠，其子寿王瑁也最受玄宗宠爱。李林甫于是谄附武惠妃，擢升为黄门侍郎。734年5月28日，玄宗任命裴耀卿为侍中，张九龄为中书令，李林甫为礼部尚书，同中书门下三品。从此李林甫渐渐专权。在他19年为相生涯中，玄宗对他始终深信不疑。李林甫是著名的奸相，喜欢玩弄权术，表面上甜言蜜语，背后却阴谋暗害。凡被玄宗信任或反对他的人，他总会亲往交结，等他权位在握时，便设计去除此人。即使是老奸巨滑的人，唐代三彩人头哨、陶兽头哨。左为三彩人头哨，深目高鼻，似为当时西域少数民族形象。右为兽头哨，头顶及面部有吹孔。两件均属儿童玩具。

也往往败在李林甫的手下。同时为相的张九龄、裴耀卿等都被他排挤罢相。李林甫任宰相期间，朝堂上再没有人敢直言谏上。唐代衰落，就是由此开始的。

唐玄宗以韩休为相

开元二十一年（733）三月十六日，唐玄宗任命韩休为黄门侍郎同平章事。裴光庭于开元二十一年（733）三月去世后，唐玄宗问肖嵩，谁可以代替裴光庭。当时，肖嵩和右散骑常侍王仲丘十分投缘，想推荐他。但王仲丘听说后，坚决不答应，执意让给尚书右丞韩休。肖嵩便向玄宗推荐韩休。韩休任宰相期间，为人刚正不阿，凡事进谏力争，甚允时望。当初，肖嵩因韩休性情温和，以为这人容易制服，所以才推荐他，等到与他共事，才发现并非如此，于是渐渐厌恶他。唐玄宗和后宫嫔妃偶尔玩乐过度，就会问左右的侍从："韩休知道吗？"刚说完，韩休的谏书就到了。有一次唐玄宗照镜子，闷闷不乐。左右侍从说："让韩休作宰相，陛下比以前可瘦多了，为什么不赶走他呢？"唐玄宗感叹地说："我虽然瘦了，天下人一定会胖起来。肖嵩奏请的事情一

109

定随顺我的心意，但是退朝之后，我常常睡不安稳；韩休常与我据理力争，但我退朝后，心里是踏实的。我任用韩休，不是为了我自己，而是为整个国家打算啊！"话虽这样说，唐玄宗却仍没有长久地信任韩休。韩休曾多次在玄宗面前与肖嵩争论，当面指责肖嵩缺点，玄宗十分不高兴。开元二十一年（733）十月二十四日，肖嵩被罢为左丞相，韩休则被降职为工部尚书。韩休为相前后仅8个月时间。

方士张果入宫

方士张果自称有神仙之术，在尧的时代曾为侍中，至今天已上千岁。开元二十二年（734）二月，唐玄宗派人将其迎入东都。在此之前，张果来往于恒山。武则天以后多次被征召，他都没有动身。唐玄宗时，曾派通事舍人裴晤前去迎接，张果没有答应。后经恒州刺史韦济一再推荐，玄宗又派中书舍人徐峤赍玺书前去迎接他。张果于734年二月到达东都，肩舆入宫，玄宗以礼相待，恩宠有加。张果向玄宗呈上自己所著的《神仙得道灵药经》、《阴符经玄解》及《丹砂诀》等书。八月，张果恳辞还山，玄宗为其造栖霞观，制以为银青光禄大夫，号"通玄先生"。张果即是道教八仙中张果老的原型。

《张果见明皇图》卷。元任仁发绘。

裴耀卿掌运漕米

开元二十二年（734）七月，裴耀卿被任命为宰相，兼江淮、河南转运使，督运漕米。裴耀卿在开元二十一年（733）任京兆尹时，已向皇上呈献过从京都转漕、沿河设仓的策略。上任后他便开始着手完成这项工作。

开元二十一年（733），关中久涝成灾，欠收而谷贵，同年九月，裴耀卿已提出救济之策。第二年，裴耀卿先在河口（汴水达河之口，今河南荥阳西北）设置"输场"，输场东面建"河阴仓"（今荥阳东北），西面建"柏崖仓"（今河南孟县沿河之西，原系旧仓修复）；在三门东面设置集建仓，西面设置盐仓；并凿漕渠18里以避开三门之险。三门峡自古浪急滩险，裴耀卿督运漕米之前，江淮一带的米首先要运进东都洛阳的含嘉仓，然后再雇车陆运300里到达陕州。这样虽然可以避过三门之险，但运费每两斛就需花钱一千，非常昂贵。裴耀卿改变了这种方式，他令江淮舟米先送河阴仓，然后用河舟运到含嘉仓（当时含嘉仓紧靠黄河），经河及漕渠联运到太原仓，再入渭水输至关中。这样一来，运米量大增，费用则大减，3年之内，裴耀卿负责的江淮、河南漕运米700万斛，省去陆运车资30万缗钱，裴耀卿将这30万留作将来籴米的基金。曾有人劝耀卿将所节约的钱献给朝廷，耀卿说："这是河漕转运的赢余，怎能作个人市宠之用！"关中地区从此储粮丰富，不再惧怕水旱诸灾。

敦煌壁画《弥勒经变局部·农耕》

THE CHINESE CIVILIZATION

刘秩反对开放私铸

唐初商品交换不发达，铸钱数量很少，更多的是用绢帛作为交换手段。开元天宝时（713～755），随着商业的高度发展，钱币供应不足，便开始大量铸钱，而且竟允许私铸。开铸钱炉近百处，一年铸钱 32 万多贯，以后继续有增加。中唐以后，钱重物轻成为十分突出的社会现象，引起许多思想家们的争议探讨。

开元二十二年（734）刘秩为反对张九龄开放私铸政策上奏《货泉议》，表明他的货币思想。

他认为货币的作用在于"平轻重而权本末"，它的流通使用关系到国家的盛衰，因此需要政府的统一管理，严禁民间私铸。他指出自己反对开放私铸的理由如下：货币是"人主之权"，政府应严格控制把关，不能轻易放弃；货币是用以调节物价的，"物贱则伤农，钱轻则伤贾"，因此在货币流通铸造发行方面，政府应起到总体调控的作用，开放私铸必将导致混乱；私铸必然产生恶钱，若再禁恶钱就必然会把百姓置于法网，引起民怨；铸私钱利润惊人，会造成农民弃耕铸钱，从而减少生产，恶化社会经济状况；私铸者大量聚敛财富，会使贫富不均现象更加严重，给国家造成隐患。他提出的解决方案是严禁铜器的使用，这样既能断绝私铸原料，又能集中于官府以增加钱币数量，有利于工商业的发展。刘秩还将货币购买力同人口数量和货币数量联系起来考察，认为造成钱重物轻现象的原因在于铸钱不增加而人口日益增加，这是中国古代货币理论方面的新发展。

唐玄宗免安禄山死罪

开元二十四年（736）四月，安禄山奉旨讨伐奚、契丹叛唐部落，兵败当斩，唐玄宗惜才免其死罪。

安禄山（703～757），营州柳城（今辽宁朝阳南）胡人。本姓康，随母嫁突厥人安延偃，因而改姓安，更名禄山，他骁勇善战，且诡计多端，善揣摸人意，被幽州节度使张守珪收为养子，因战功升为左骁卫将军。

开元二十四年（736）三月，张守珪派安禄山讨伐叛唐部落。由于恃勇轻进，安禄山大败而归。四月，张守珪奏请玄宗斩安禄山。安禄山临刑时大呼：奚、契丹尚未降服，为何斩我安禄山。张守珪也爱惜他骁勇善战，于是将其送往京城，请朝廷裁决。李隆基觉得安禄山是个人才，于是赦免其死罪，削去官职，以白衣充将领。张九龄据理力争，认为安禄山不顾军律，丧失所统军队，按照国家刑律不可不诛，而且看其貌有反相，不杀必为后患。玄宗不听，反劝张九龄莫以此枉害忠良。

安禄山被赦免之后，以巧善事人，锐意钻营，凡有朝廷官员前往平卢，他都用重礼贿赂，受贿官吏在李隆基面前每每称誉安禄山，以致使李隆基误以为安禄山是贤良之臣。开元二十九年（741），御史中臣张利贞任河北采访使，到达平卢后，安禄山用重礼厚贿上上下下的官员。张利贞回朝之后，在玄宗面前极力称赞安禄山的才干。八月，李隆基任命安禄山为营州都督，充平卢军使、两蕃、渤海及黑水4府经略使。从此以后，安禄山的势力便越来越大。

张九龄罢相

开元二十四年（736）十一月二十七日，唐玄宗任命张九龄为尚书右丞相，罢知政事。开元二十五年（737）因牛仙客之事，张九龄再被贬为荆州长史。

张九龄（673～740），一名博物，字子寿，韶州曲江（今广东曲江北）

113

THE CHINESE CIVILIZATION

唐八卦纹镜。镜有为官清正之寓意,故出土甚多。

人,唐玄宗开元时宰相。他少年有文名,弱冠登进士,历任秘书监、集贤院学士,开元十九年(731),任中书侍郎等职。张九龄曾上书唐玄宗,主张重视地方官人选,纠正重内轻外风气。后因反对李林甫为相,遭李林甫忌恨。开元二十四年(736)夏,玄宗命高力士赐九龄白羽扇,张九龄于是献上《白羽扇赋》寄托心意。张九龄想推荐其好友严挺之为相,却因严挺之为人正直,鄙视李林甫的为人,及替其前妻之夫开脱坐赃罪之故,遭李林甫中伤。于是玄宗将以前积怨一并算起,借口裴耀卿和张九龄结党营私,于开元二十四年(736)十一月二十七日,以耀卿为左丞相,以九龄为右丞相,并罢政事,同时任命李林甫兼中书令,以牛仙客为工部尚书,同中书门下三品,领朔方节度如故。牛仙客为李林甫引荐,只知唯唯诺诺听命李林甫,从此朝堂直言之路被断绝。开元二十五年(737)四月,监察御史周子谅弹劾牛仙客,又引谶书为证,唐玄宗认为此事太荒唐,下令杖责周子谅,然后发配襄州(广西上思县)。因周子谅是张九龄引荐的,故四月二十日,张九龄被再贬为荆州长史。

张九龄为相尚直、贤明,敢于直言劝谏,以国家为己任,因而被奸人陷害。他虽然因忤旨被逐出朝堂,但唐玄宗仍从心底喜欢他的为人,每当遇到被推荐之人时，玄宗常常会将其人与他相比。张九龄于开元二十八年（740）二月在荆州去世，享年68岁。

张九龄不但是一个杰出的政治家，还是名噪一时的诗人。他才思敏捷，文章高雅，诗意超逸，宰相张说称其为"后出诗人之冠"。他的《感遇》、《望月怀远》等诗，都是千古传颂的名作。他有《曲江张先生文集》二十卷流行于世。

唐破吐蕃

开元二十五年（737）二月，唐破坏盟约，出兵袭击吐蕃。

唐与吐蕃议和以来，边疆安宁，人民富庶。河西节度使崔希逸派遣使者告知吐蕃边将乞力徐，希望双方撤兵。在崔希逸的一再坚持下，乞力徐最终只得同意。于是两边杀白狗为盟，双方尽撤守备，吐蕃开始在唐蕃交界地区畜牧，牛羊遍见。此时，正好吐蕃向西攻打勃律，勃律大败，向唐告急。玄宗命吐蕃罢兵，吐蕃拒绝，玄宗大怒。而当时，又逢希逸的侍从孙海入朝奏事。孙海想立功，奏称吐蕃没有防备，若偷袭一定会大获全胜。玄宗于是派内给事赵惠琮和孙海同往河西。赵惠琮到河西后，假传圣旨命令崔希逸偷袭吐蕃。崔希逸无奈，开元二十五年（737）三月二十五日发兵从凉州南攻入吐蕃，在清海西大破吐蕃，乞力徐脱身逃走。崔希逸内怀愧疚，赵惠琮和孙海却因此得到重赏。从此吐

唐《骑马人物图》。纸本设色。敦煌藏经洞发现。描绘一个骑红鬃马，另一随从乘黑马，手执一长柄伞。左侧有树，地面花草数点。内容或系经变故事之一部分。

THE CHINESE CIVILIZATION

蕃拒绝向唐朝纳贡，唐蕃关系再度破裂，双方之间战事不断。

开元二十六年（738）七月，唐将杜希望率领鄯州之兵南夺吐蕃河桥，在河的左面筑起盐泉城。吐蕃发兵3万迎战。左威卫郎将王忠嗣率其部先犯敌阵，使敌阵势大乱，杜希望乘机破敌。九月，吐蕃发兵营救安戎城，剑南节度使王昱弃城逃走。开元二十七年（739）十二月，唐出兵夺回安戎城，将其改名为平戎城。次年十二月，金城公主在吐蕃去世。吐蕃派遣使者向唐告丧，并希望与唐和好。但遭玄宗拒绝，未能如愿。

外丹道盛极

唐代，在帝王与贵族的倡导下，变化黄白、飞炼金丹之术颇为流行，是中国道教史上外丹道最盛极的时期，被称为道教外丹的"黄金时代"。

烧炼金丹，在统治者以及一些贵族士人是为长生，永做富贵神仙，对道士来讲，有的为实现信仰，证成真道，有的则利用求丹者的迷信贪欲，借以换得尊荣，骗取钱财，武则天乞求一道士"九转之余，希遗一丸之药"；唐玄宗"100年服药物"（指金丹），宪宗、穆宗、武宗、宣宗等都服用金丹；大诗人李白，青年时代迷于求仙访道，采药炼丹，曾通过极其烦难的入道仪式，

光明砂。西安何家村出土唐代服食炼丹药材。

次上乳。西安何家村出土唐代服食炼丹药材。

成为一名道士。

唐代外丹道的兴盛发达，其一表现为丹道理论的发展。此时，由"夺天地造化之功，盗四时生成之务"的丹道思想发挥出自然还丹说、用药相类说、火候直符说等炼丹学说。自然还丹说认为，上仙服用的药丹，是天火所赐，自然而成的，人可铸炉鼎以仿宇宙，鼎三足以应三才，上下二合以应二仪，足高四寸以应四时，炭分二十四斤以应二十四气，水火相交以象阴阳交感，这样便可浓缩地再现自然成丹过程而炼就金丹。用药相类说信奉阴阳和合变化顺宜的相类观念。有时还采用中医"君臣佐使"的理论，如以水银为君，硫黄为臣来配药。火候直符说则强调火候的掌握要符合阴阳消

鎏金舞马银壶。西安何家村出土唐代服食炼丹器具。

117

THE CHINESE CIVILIZATION

刻花金碗。西安何家村出土唐代服食炼丹器具。

长的自然之道。据太阳的运行规律，一月内分六候，一年十二月通于十二消息卦，炼丹时应照天时或用文火，或用武火，或进阳火，或退阴符。

其二，表现为炼丹流派众多，由于炼丹用药的理论方式不同，唐代外丹道分成许多流派，其中金砂派、铅汞派、硫汞派较为重要，金砂派重视黄金（多为类似黄金的金属化合物）和丹砂，借黄金以自坚固，借丹砂以成变化。它上承葛洪，代表人物有孙思邈、孟诜等。铅汞派"只论铅汞之妙，龙虎之真"，而排解其他杂药，代表人物有郭虚舟、孟要甫、刘知古、柳泌等人。硫汞派则主用硫黄和水银合炼，认为"硫黄是太阳之精，水银是太阴（月亮）之精，一阴一阳合为天地"。唐后期炼丹逐渐增加了动植物用药，减少了矿物用药，因矿物往往合炼成有毒物质，杂质又不易清除，危害人体。

其三，表现为用药范围逐次扩大，种类日渐繁多。《太古上总经》中有五金四黄八石之说，成书于唐的《真元妙道要略》还有铅、石英、云母、赭石等；梅彪著的《石药尔雅》竟收有炼丹药名150多种。此外，炼丹经书之多，炼丹方法之精，器物设备之新，社会影响之大诸方面，唐代的外丹道都是空前绝后的。

炼长生药的丹砂，在火化后，便离析出硫黄而剩下

刻花银碗。陕西耀县背阴村唐窖藏出土皇家服食炼丹器具。

水银，人吃了金丹，就会中毒死亡。纵使少数人服丹后会病愈或身健，也不能长生，而大多数仅是速死，唐初统治阶级中的一些人，对道家长生术的荒诞无稽已有所认识。当时编纂的《隋书》曾说："金丹玉液，长生之事，历代糜费，不可胜纪，竟无效焉。"但统治者仍迷醉不醒。唐太宗服丹药中毒而死；唐宪宗不顾臣下激切谏阻，服道士柳泌炼的"金丹"丧生；唐穆宗为此杀了柳泌，

唐三层五足银薰炉

指责他"人神所共弃"，自己却也吃金丹而死；大肆灭佛的武宗对佛教的"坏法害人"看得清楚，却被道教迷了心窍，最后食道士杜元阳炼的"仙药"，生疮脱发暴死；一度标榜不再受道徒迷惑的宣宗，诛戮了赵归真，却又恭迎别的道士进宫，最终也被金丹仙药致死。另有不少达官贵人也因服食丹药中毒致死，在这种严酷的事实面前，怀疑和否定外丹的思潮遍布朝野，有识之士纷起抨击，炼丹道士往往因骗术败露而被诛贬逐。此外一些方术相士，借外丹之名，烧炼假金银，骗取钱财，也损害了外丹术的声誉。外丹道终于在唐末五代走向衰落。

THE CHINESE CIVILIZATION

炼丹家发现火药三成分

中国炼丹家在长期的炼丹实践中逐渐发现掌握了火药的性能，在唐代已发现火药三成分。

隋末唐初医学家、炼丹家孙思邈（581～682），史称药王。选录入《诸家神品丹法》的《孙真人丹经》，相传是孙思邈所撰，记载有多种"伏火"之法。其中有"伏火硫黄法"，使用了硫黄和硝石。

唐宪宗元和三年（808），炼丹家清虚子在其所著《太上圣祖金丹秘诀》（后选入《铅汞甲庚至宝集成》卷二）"伏火矾法"中也记载有将硫黄伏火之法，这类伏火之法，原意是为了使硫黄改性，避免燃烧爆炸。但同时他们认识到，上述丹方中含有硝石、硫黄和"烧令存性"（即碳化）的皂角子或马兜铃粉，三者混合具有燃烧爆炸的性能，从而发明了原始火药。炼丹家正是通过他们的长期实践，才发现硝石、硫黄和木炭等混合物的爆炸性能，因此，至迟在808年以前，含硝、硫、炭三成分的火药已经在中国诞生。

在中唐以后成书的《真元妙道要略》中，更有明确的记载："有以硫黄、雄黄合硝石并蜜烧之，焰起烧手、面及烬屋舍者。""硝石宜佐诸药，多则败药，生者不可合三黄等烧，立见祸事。凡硝石伏火了，赤炭火上试，成油入火不动者即伏矣。……不伏者才入炭上，即便成焰。"三黄是指硫黄、雄黄和雌黄。原始火药也由此而逐渐进入军事应用的新阶段。

茶业发展成熟

茶业在唐代南方的农业经济中是一个重要部门。茶业经过历代的发展，到唐代已发展成熟。

我国是茶的故乡，现今世界产茶国家的茶都是直接或间接地由我国传入，加以改进而发展起来的。我国利用和栽培茶树早在商代就已开始，到了汉代，茶叶已发展为商品，巴蜀是当时全国茶业中心，饮茶之风在四川也已盛行。

魏晋南北朝时期，长江中下游茶业获得显著发展，但在北方茶叶尚属少见。唐代，南北统一，交往密切，饮茶风气也普及北方，《封氏闻见记》卷六《饮茶》记载："人自怀挟，到处煮饮，从此转相仿效，遂成风俗。自邹、齐、沧、棣，渐至京邑，城市多开店铺煎茶卖之，不问道俗，投钱取饮。"中唐以后，饮茶风气更是普遍，"上自宫省，下至邑里，茶为食物，无异米盐"，说明当时茶已成为人们日常生活的必需品。在边疆少数民族居住地，饮茶风气也进一步传开。"茶道大行"，"流于塞外，往年回纥入朝，大驱名马，市茶而归"（《封闻见记》），吐蕃地区也运入了汉族地区生产的各种名茶。

茶罗子。名茶的制作工艺讲究，甚至需要专门的工具。图为陕西扶风法门寺出土的唐代鎏金仙人驾鹤纹壶门座茶罗子。

茶碾子。陕西扶风法门寺出土的唐代鎏金鸿雁流云纹茶碾子。

饮茶的风行，促成茶成为当时重要的商品，南方茶叶大批运往北方。茶叶需要量的增加，势必会促进茶业的发展。除了野生的茶树外，还大量进行人工栽培。唐代茶叶产地大大增加，遍及今四川、云南、贵州、广东、广西、福建、浙江、江苏等十五个省区（当时是 50 个州郡），其地理位置多为气候温湿的秦岭、淮河以南，这些地区的许多丘陵和山坡上都种植了茶树。历史记载，"江南百姓营生，多以种茶为业"（《全唐文》卷 976），江淮人家也"什二三以茶为业"（《册府元龟》卷 510）。除了农民自己种植的茶园外，地主和官府也经营茶园，《元和郡县志》卷 25 载："长城县（今浙江长兴县）、顾山县西北四十二里，贞元已后，每岁以进奉顾山紫笋茶，役工三万人，累月方毕"，由此可见当时有的茶园规模很大。

THE CHINESE CIVILIZATION

唐代制茶业也已相当发达。当时的茶叶分为觕（粗）茶、散茶、末茶和饼茶四类。据《唐国补史》记载，唐代已出现名茶二十多种，"风俗贵茶，茶之名品益众"。

随着茶业的发展成熟，茶树栽培技术积累了许多宝贵经验，《四时纂要》里有较全面而翔实的记述，包括种植季节、茶园选择、播种方法、中耕除草、施肥灌溉和遮荫措施等。后世一些农书和茶书中有关茶树栽培技术的记载，都未超出《四时纂要》所记述的内容，可见唐代茶树栽培技术对后世的影响。

唐代茶业在中国茶业发展史上占有承前启后的地位。它不仅在南北朝的基础上有了迅速发展，而且影响遍及世界。正是在唐朝茶业兴盛的基础上，世界第一部茶业专著《茶经》问世；也正是在这个时期，茶树种子和栽培技术，从中国传到了日本和朝鲜。

唐置监军

唐代中期，地方藩镇力量开始强大起来。为了加强对藩镇的军事控制，唐玄宗于开元二十年设置监军使，由宦官担任，从此监军便成为一种制度。

唐朝廷在各藩镇常设的监军机关，一般称为监军院或监军使院，院置监军使一人，下有监军副使、判官、小使等僚属。监军使任期一般为三年，但也可根据具体情况提前调动或继续留任。监军往往自置亲兵。由此逐开将帅置亲兵之风。

监军的首要任务是保证藩镇听从朝廷的指挥，沟通中央与藩镇间的关系，如发现违法乱纪，便予以"奏察"。其次，监察节度使的政绩和军纪情况。再次，协助地方将领管理军队，消弭兵乱。

监军制度的设立适应了朝廷对藩镇斗争的需要，对大多数节度使有监督和制约作用，因此对维护唐中央政权的稳定发挥了一定作用。但在实施过程中出现了监军权力大过节度使的现象，而且充任监军都是多不懂军事的宦官，某些宦官甚至借监军之职专权自恣，打击异己，这样，既削弱了军队的战斗力，又激化了朝廷与藩镇的矛盾，起了相反的作用。

南诏统一六诏

唐代居住在今云南省的乌蛮人皮罗阁以西洱河为基地，以乌蛮奴隶主为核心，联合白蛮等其他少数民族奴隶主，建立了附属于唐的少数民族地方政权南诏国。

隋至唐初，滇池地区居住着白蛮，西洱河地区主要居住着河蛮和乌蛮的蒙姓部落。经过长期的融合和发展，逐渐形成了六个以乌蛮奴隶主为首的政权，称为"六诏"。六诏之间互有联姻，兵力大致相等，彼此间互有争斗。

南诏王姓蒙，始祖名舍龙，自哀牢迁居蒙舍川，世为唐官吏。吐蕃势力进入洱海地区后，为遏制吐蕃在洱海地区的发展，唐采取了支持南诏的政策。

713年，唐玄宗封皮罗阁为台登郡王。737年，皮罗阁在唐支持下战胜河蛮。738年，唐封皮罗阁为云南王，赐名蒙归义。739年，皮罗阁徙居大和城（今大理县），定之为国都，相继建立了各种制度，建立了南诏政权。统治中心在今云南西部大理白族自治州一带。

南诏建立的是一个奴隶制政权。南诏社会里基本阶级是奴隶主（王室、贵族、一般奴隶主）、奴隶、平民和部落百姓。奴隶的一个重要来源是战俘。史书记载，被俘的汉人郭仲翔给南诏人作奴隶，白天服苦役，晚上被囚锁起来，他曾被转卖三次。南诏的奴隶，多用于农业，称为"佃人"。

南诏在政治上有较为完整的制度，大抵仿效唐朝。王位继承后，需经唐封。南诏王自细奴罗至舜化贞共13王，历247年，其中有10王是经过唐王朝册封的。南诏王之下各种政府的职官有清平官、酋望和大军将。清平官总揽国务，相当于唐的宰相；大军将与清平官等列，在中央参与议定国事，到地方治军为节度，下设六曹。9世纪以后，由于生产的发展与经济的繁荣，南诏的政治制度也作了相应的变革，将"六曹"扩为"九爽"。这些部门的首脑都由清平官、酋望或大军将兼任。九爽之上设有督爽总领，类似唐中央尚书省长官。

南诏政权对其管内各族人民实行军事统治。地方各府的主将同时也是地方行政长官和奴隶生产的总监督主。对于自由民则实行军事编组，凡百家有一总佐，千家有一治民官，万家有都督一人。每个壮丁都要服兵役，称为"乡

123

THE CHINESE CIVILIZATION

大唐盛世

奏乐陶俑。唐天宝八年，南诏王阁罗凤之子凤伽异由长安回南诏，带回胡部龟兹乐两部。此图正是南诏国演奏胡乐的艺术再现。著左衽传统胡服、脚穿胡靴的奏乐者共有八人。

兵"。其中挑出勇敢善战的称"罗苴子",从罗苴子中再挑选出"负排",充当南诏王和大军将的卫队。每年农闲时要集中操练,根据所居远近分为四军,各守一方。战时,下文书至村邑治国官,征集壮丁入伍。无后勤供应,出境后靠掠夺粮食、牲畜作军需。

南诏的刑罚大致分为三等:杖、徒和处死。杖刑自50至杖死;徒刑则被押往"丽水瘴地";死刑可以用钱赎,改为徒刑。

南诏统治中心区域的农业、手工业很发达,商业也很繁荣,畜牧业亦相当发达。

南诏通行汉文,许多石碑、钟铭、佛经和大量有汉字的砖瓦,均用汉文书写。南诏的建筑、雕刻水平很高。南诏人信仰由五斗米教发展而来的天师道。

南诏是在唐政府的扶持下建国的,立国后就接受了唐的册封,确立了对唐的藩属关系。这反映了南诏在政治、经济、文化等方面与内地汉族有密不可分的关系。这对双方都有益。除建国初期的友好关系处,南诏与唐的关系大体上可分为三个时期:(1)750～779年,南诏与唐兵戎相见,附吐蕃反唐;(2)780～828年,南诏与唐重归于好,经济、文化获得得迅猛发展时期;(3)829～902年,以和为主,和战相替时期。

唐玄宗倡学

唐玄宗时期是唐代学校兴盛的又一个高潮时期。

唐玄宗李隆基还在东宫时就常去太学讲论。即位后,又屡次下诏让各州县百官举荐通经学的人才。开元七年(719),玄宗敕令州县学生选送"聪悟有文辞史学者"入四门学做俊士,那些贡举落第而愿意入学的也可以入四门学学习(俊士之制至天宝十二年止),这是后世贡举入监制度的滥觞。在这一时期还规定了学生补阙的制度。如国子监所管的学生由尚书省补,州县学的学生由州县长官补。值得称道的是唐玄宗还明确规定百姓可以任意设立私学,如果想要在州县学寄读学习的(即非正式的寄读生)也可以应允。这在政策上为民间学术和教育的发展提供了十分有利的条件,使不少学者从家学和拜师求教的私学中获取了许多可贵的知识。

THE CHINESE CIVILIZATION

唐玄宗李隆基《石台孝经》

开元十一年（723），唐玄宗设置丽正书院，由文学名士徐坚、贺知章等人做学士，在修书之余也授课讲读，为后世学院教学提供了有益的经验。开元十三年（725），丽正书院改名为集贤书院，五品以上为学士，六品以下为直学士，待遇十分优厚。738年，朝廷敕令天下州县在各乡里设立学校，使当时的学校由州县又进一步扩展到乡里，拓宽了教育的普及面。

唐玄宗又推崇孔子之术能启迪苍灵，美化政教。在这时期，尊崇儒学用法律的形式固定了下来，被视为官方的政策。开元二十九年（741），在玄宗崇尚道教思想的指导下，礼部的祠部之下设立了崇玄学，天宝二载（743）更名为"崇玄馆"，也称"通道学"。在州府也设地方崇玄学，专门教授道教经典。天宝九载（750），唐玄宗在国子监中增设广文馆，任命郑虔为博士，负责指导在国子监中专门修习进士业的学生。玄宗为了支持学校教育的发展，曾在天宝十二载（753）敕令天下罢乡贡之举，规定不经由国子各学及郡县学学习的学生不许参加举选。尽管这一规定在两年后取消，却产生了积极的影响，为学校教育的发展起到了促进的作用。

《大衍历》编成

唐开元年间，僧一行（俗名张遂）编撰了一部优秀的历法——《大衍历》。《新唐书·历志》中记载了该历的许多内容。该历法有很好的实测基础，一部份测量资料来自黄道游仪的观测，另一部分来自全国多个观测点的极高、日影和距离丈量。

《大衍历》不但有历术七篇（步中朔术、发敛术、步日躔术、步月离术、步轨漏术、步交会术、步五星术），在历法的结构和内容上形成系统，而且还力图探讨历法原理，寻找历法的本质，从哲学的角度解释历法。《大衍历》的回归年长为 $365^{743}/_{3040}$ 日，朔望月长为 $29^{1013}/_{3040}$ 日，一周天定为 365779.25/3040 度，分母都是 3040，是为通法。这些数据是建立在观测基础上的，但一行在《历议》中却用《易》释历，追求抽象的历理。这对后世影响较大，反映出唐代天文学家合历算家与星占家为一身的特点和对传统天文学体系的进一步强化。

《大衍历》还记载了计算七曜不均匀运动的成就，一行通过实测发现地球在近日点运行最快，在远日点最慢，而日南至接近近日点；日北至接近远日点。《大衍历》计算太阳运动是以定气为根据的，在相临两气之间绘出盈缩分，它以 $365^{743}/_{3040}$ 日为一年，将它分为 24 等，每个平气有 $153^{664.3}/_{3040}$ 日，如冬至与小寒之间盈分为 2353，则按定气算，冬至到小寒的日数为：$15^{664.3}/_{3040} - {}^{2353}/_{3040} = 14^{1351.3}/_{3040} \approx 14.44$ 日。由于定气之间的时间间隔不相等，一行又发明了不等间距二次差内插公式，用以计算太阳的不均匀运动，如求日行速度不等而引起的定朔校正数。

在推算日食上，《大衍历》也有很大的成就。皇极历给出的只是某一固定地点日食的计算方法，一行给出的计算方法则对不同地理纬度，不同季节都作了考虑，将周日视差的影响命名为"食差"，使日食计算前进了一大步。《大衍历》还有不同地区所见食分不同的描述，且已隐约谈到全食带及食带以外见食不同的道理。对判别日食的亏超方位《大衍历》也作了很好的论述，比以往的认识更全面细致。就《大衍历》对日月交食的认识和计算看，可看出经隋至唐天文学有了长足进步。但由于日月食现象比较复杂，这时还未能精确掌握日月食的预报。《大衍历》中有两次日食就是因为推算不够准确而出现预报错误。

THE CHINESE CIVILIZATION

唐朝

741~750A.D.

741A.D. 唐开元二十九年
太常及鼓吹署有音乐家达万人。李白入长安，作《清平乐》等，成酒中八仙。

742A.D. 唐天宝元年
立十节度以备边；八月，拔悉密、回纥、葛逻禄三部攻杀突厥骨咄叶护，突厥余众立乌苏米施可汗，以其子为西杀。拔悉密等攻之，乌苏米施可汗远遁，西杀等帅残部千余帐来降，突厥遂微。敦煌曲子词出现。

745A.D. 唐天宝四载
正月，回纥怀仁可汗击杀突厥白眉可汗，自是北边稍安，回纥尽有突厥故地。

746A.D. 唐天宝五载
正月，以王忠嗣为河西、陇右节度使兼知朔方、河东节度使。忠嗣数与吐蕃战于青海、积石，皆大捷，又击吐谷浑于墨离军，虏其全部而归。十二月，宰相李林甫倾陷胜己者，数兴大狱。

747A.D. 唐天宝六载
正月，令通一艺者皆送诣京师，以广求贤才，李林甫故艰其试，无一人及第，于是李林甫表贺野无遗贤。七月，小勃律王娶吐蕃王女，附于吐蕃；安西副都护高仙芝击破之，俘其王及吐蕃公主。十二月，以仙芝为安西四镇节度使。书法家、文学家李邕被杀。

748A.D. 唐天宝七载
六月，赐安禄山铁券。十一月，杨妃三姊被封为国夫人，恃宠纳贿，门庭如市。十二月，陇右节度使哥舒翰筑神威军城于青海上，又筑应龙城于青海中龙驹岛，自是吐蕃不敢近青海。

749A.D. 唐天宝八载
闰六月，陇右节度使攻拔吐蕃石堡城，获四百人，唐士卒死者数万，以城为神武军。

750A.D. 唐天宝九载
五月，封安禄山为东平郡王。将帅封王自此始。

745A.D.
阿拉伯卡里吉特派又起兵于伊拉克与阿拉伯，旋占领麦加、麦地那等重要城市。什叶派不久亦与卡里吉特派合流，声势大振。

750A.D.
阿拉伯倭玛亚朝亡。阿拉伯科学文化进入全盛时代。

李白奉召入京

开元十三年(725),李白二十五岁。他怀着对自己才能和政治前途的高度自信,"仗剑去国,辞亲远游"(《上安州裴长史书》),开始了生平第一次大漫游。他于当年秋天出峡,先用三年的时间游历了洞庭、襄汉、庐山、金陵、扬州等地,然后于开元十六年(728)在湖北安陆同高宗时宰相许圉师的孙女结婚定居,开始了"酒隐安陆,蹉跎十年"(《送从侄耑游庐山序》)的生活。此时他以安陆为中心,先后北游洛阳、太原,东游齐鲁,南游安徽、江浙,足迹遍及大半个中国。这次游历,既有饱览祖国名山大川、交结朋友、开阔胸襟器识的目的,也有扩展声誉影响以求入仕的用意。本着"不飞则已,一飞冲天;不鸣则已,一鸣惊人"(《代寿山答孟少府移文书》)的宏愿,他没有参加常规的科举考试,而是希望通过朝廷的征辟和地方官的推荐进入仕途。他曾向荆州长史韩朝宗等人上书,希望得到他们的赏识和推介。另一方面也希图通过隐居山林以获取声誉。他先同元丹丘隐居嵩山,后又与孔巢父等五人隐逸徂徕山竹溪,号称"竹溪六逸",企图借此实现其"申管晏之谈,谋帝王之术,奋其智能,愿为辅弼,使寰区大定,海县清一"(《代寿山答孟少府移文书》)的政治理想。这段时期,他过着纵情山水、诗酒逍遥的快意生活,创作欲望也空前旺盛,诗歌数量增多,在思想上、艺术上都达到了自成一家的境地,初步形成他感情强烈、想象丰富、形式自由奔放、语言清新活泼的诗歌风格。

李白像。唐代大诗人李白,字太白,号青莲居士,祖籍陇西成纪(今甘肃秦安),生于西域碎叶。

THE CHINESE CIVILIZATION

李白《上阳台》手迹

开元十八年（730），他曾抵达长安寻求政治出路，但失意而归。天宝六载（742），42岁的李白终于得到玉真公主的推荐，被唐玄宗下诏征赴长安。"仰天大笑出门去，我辈岂是蓬蒿人！"（《南陵别儿童入京》）写出了诗人当时的喜悦。他一到长安，八十余岁的名诗人、太子宾客贺知章见其气宇轩昂、骨格不凡，遂称其为"谪仙人"，经过贺的揄扬，李白的名声更加倾动京师。后玄宗召见，他受到非常隆重的礼遇。据说玄宗曾亲自"降辇步迎，如见绮、皓，以七宝床赐食，御手调羹以饭之（李阳冰《军堂集序》）。但玄宗只是赏识他的词章才华，他常让李白陪侍自己的宴会、巡游，把他当作一个点缀"太平盛世"的文学侍从。所谓"供奉翰林"，并无任何实际职任。李白渐感自己政治理想的破灭，他那种"揄扬九重万乘主，谑浪赤墀青琐贤"（《玉壶吟》）的傲岸态度也招到权贵们的嫉妒与恼怒。加上遭到驸马都尉张垍等小人的谗毁，玄宗对李白也逐渐疏远，李白遂意识到"谗惑英主心，恩疏佞臣计。彷往庭阙下，叹息光阴逝"（《答高山人兼呈权顾二侯》），于是上书请还，玄宗即命赐金放还。

从出蜀东游到奉召入京，到辞官离京，是李白诗歌创作趋于成熟的时期。此期间，李白诗作名篇叠出，代表作有《长干行》《横江词》《鸟栖曲》《蜀道》《子夜吴歌》《古风·大车扬飞尘》《行路难》《梁甫吟》等。在著名的《蜀道难》中，他不仅采用了大量的神话、传说，而且运用了一系列比喻、夸张、神奇化等浪漫手法："噫吁嚱，危乎高哉！蜀道之难，于上青天！蚕丛及鱼凫，开国何茫然。尔来四万八千岁，不与秦塞通人烟。西当太白有鸟道，可以横绝峨嵋巅。……"一开始诗人就把我们带入渺茫寻的远古世界，通过蚕丛、鱼凫开国的历史传说，五丁力士拽蛇山崩的神话，写出蜀道天梯石栈、鬼斧神工、无比神奇。接下去的具体描写，极尽夸张、想象之能事，说山高则"天龙回日"，连善飞、善攀的黄鹤、猿猱都过不去，攀不上。至于悬崖万仞、云雨泥淖、峰回路转、百步九折,则更令人屏气息胁,抚膺长叹。结尾一段用"一夫当关,万夫莫开"的夸张,将叛乱分子比作"豺狼"、"猛虎"、"长蛇",不仅再一次突出了蜀道行的主题,而且立意警策,发人深省。诗人的夸张和想象都是出于他抒发内心强烈感情的需要,是以他豪放率真的性情为基础的,所以人们读后并不觉得浮夸虚诞,而更容易受其炽烈感情的感染。在《行路难》其二中他写道:"大道如青天,我独不得出!"他感到社会对自己的压抑、窒息,政治上又找不到出路,愤懑之情溢于言表。李白诗歌极具个性色彩,在他的诗中处处都留下了浓厚的自我表现的主观色彩。

唐置十节度、经略使

天宝元年(742),唐政府为巩固边防、抵御外侵,在所辖331州设置10个节度、经略使:安西节度主要安抚西域,统领龟兹、焉耆、于阗、疏勒,称为"安西四镇",治所在龟兹城,领兵24000人;北庭节度负责防制突骑施、坚昆,统帅瀚海、天山、伊吾三军,屯兵伊、西两州边境,设北庭都护府,带兵20000人;河西节度负责隔断吐蕃、突厥两族,统领赤水、大斗、建康、玉门、

天宝官品令。甘肃敦煌莫高窟藏经洞发现。

墨离、豆庐等八军和张掖、交城、白亭三地,治所设在凉州,领兵73000多人;朔方节度防御突厥,统帅经略、丰安、安远三军,带兵65000人;河东节度与朔方节度成犄角形抵御突厥,统领天兵、大同、横野、岢岚四军,有兵55000人;范阳节度统帅经略(今北京)、威武、清夷等九军,治所在幽州,带兵71000人;平卢节度安抚宝韦、靺鞨,统领平卢、庐龙二军和安东都护府,治所在营州,有兵37000人;陇右节度防御吐蕃,统领十军和三守提,

THE CHINESE CIVILIZATION

治所在鄯州，统兵75000人；剑南节度西抗吐蕃，南抚蛮獠，统治十三州之境，治所在益州，带兵31000人；岭南五府经略安抚夷、獠，统帅二军四管，治所在广州，领兵15000人。另外，还有长乐经略，属福州管辖，有兵1500人；东莱守提，属莱州治下；东牟守提，登州管辖，各有兵1000人。十节度、经略使设置后共镇兵49万人，马8万多匹。开元之前，全国每年供应边兵衣粮的费用不过200万；天宝年间，镇兵日益增多，每年制衣布料1020万匹，粮190万斛，军备开支大大增加。

唐文官俑　　唐武官俑

西突厥降唐·东突厥势衰

天宝元年（742）八月，西突厥发生内乱，大部分将领率军投降唐军；东突厥遭到唐军围攻，国势衰弱。

东西突厥是北方威胁唐朝边陲的重要力量，一直被唐朝统治者引为大患。开元二十六年（738），西突厥突骑施莫贺达干部杀死可汗苏禄，都摩度部立苏禄之子骨啜为吐火仙可汗，和莫贺达干部对抗。突骑施部从此陷入内乱中。

开元二十七年（739）八月，唐朝碛西节度使盖嘉运攻占碎叶城，擒获突骑施可汗吐火仙；同时，又派疏勒镇守使兴拔汗那王攻占怛罗斯城和曳建城。九月，处木昆、鼠

隋唐时期各族政权简表

尼施、弓月等部脱离突骑施，投降唐军。

开元二十八年（740）四月，突骑施部都摩度降唐，六月，朝廷册封他为三姓叶护；十一月，任命莫贺达干为突骑施可汗。至此，西突厥已大部分投降。

与此同时，东突厥内部也发生了矛盾。可汗常常以任用亲属分掌东西兵马，称为左杀、右杀。登利可汗左、右杀是他的两位从叔。开元二十九年（741），登利可汗怕两叔专权夺位，诱杀了右杀，自己统领右杀兵马。左杀判厥特勒起兵反抗，另立可汗，不久被杀，骨咄叶护自立可汗。

东突厥内乱之后，唐玄宗派左羽林将军孙老奴招回纥、葛逻禄、拔悉密等部落，联合攻打东突厥。天宝元年（742）八月，三部同时出击，杀死骨咄叶护，推举拔悉密酋长担任可汗。

突厥其他部落立判厥特勒之子为乌苏米施可汗，唐玄宗派使者晓谕他依附唐朝，乌苏不从。朔方节度使王忠嗣派大军联合回纥等三部共同出击。乌苏兵败远逃，王忠嗣出兵消灭了乌苏右厢兵马。不久，东突厥众多支系首领率部众先后投降唐军，东突厥从此一蹶不振。

九月，玄宗在花萼楼宴请突厥投降将领，赏赐丰厚。从此，东西突厥对唐的威胁大大减轻。天宝三载（744），东突厥被回纥所灭。

胡人控制兵权

唐朝兴盛以来，边关将帅都任用忠厚名臣，功名显著者常能入朝做宰相。李林甫任宰相以后，为了专宠固位，杜绝由边将入相的途径，竭力主张任用少数民族将领为边帅。因为他认为胡人不识汉字，不懂中原礼仪，不能担任宰相要职。

最早被任用的胡人边

唐胡俑头像

唐猎骑胡俑

THE CHINESE CIVILIZATION

将是安禄山。开元二十九年（741），安禄山任营州（今辽宁朝阳）都督，并任四府经略使；第二年，平卢设置节度后，安禄山兼任平卢节度使；天宝六载（747），他又任范阳（今北京）、平卢节度使兼御史大夫；天宝九载（750）被赐山东平郡王爵，并兼河北道采访处置使。至此，他一人掌握了大量兵权。

天宝六载（747），因为平定小勃律有功，玄宗任命胡人高仙芝为安西四镇节度使。同年，河西、陇右节度使王忠嗣重用英勇善战的胡人将领哥舒翰、李光弼。天宝八载（749），王忠嗣因忤逆玄宗被贬，哥舒翰接任陇右节度使，安思顺接任河西节度使。天宝九载（750），朔方节度使张齐丘因克扣士卒军粮被贬，河西节度使胡人安思顺兼任朔方节度使。

至此，胡人安禄山、高仙芝、哥舒翰、安思顺等几乎把持了边关军权。天下精兵集中于北疆，外重里轻，安禄山借机叛乱，唐朝由盛转衰。

杨玉环立为贵妃·杨氏显贵

天宝四载（745）八月，唐玄宗册封杨玉环为贵妃，从此恩宠10余年，杨门也得以显贵。杨贵妃（719～756）蒲州永乐（今山西永济）人，小字玉环，

宋摹本唐张萱《虢国夫人游春图》。张萱，唐代开元、天宝间享有盛名的杰出画家。在当时"唐尚新题"风气的影响下，画家采取现实中有典型意义的题材，创作了这幅主题突出的杰作，与大诗人杜甫的《丽人行》史诗交相辉映，有其深远历史意义。原作曾藏宣和内府，由画院高手摹装，再现虢国夫人挥鞭骤马、盛装出游，"道路为（之）耻骇"的典型环境。画面描写了一个在行进中的行列，人马疏密有度，人少胜多。作品重人物内心刻划，通过劲细的线描和色调的敷设，浓艳而不失其秀雅，精工而不流于板滞。原作已失，摹本犹存盛唐风貌，足堪珍视。

从小丧父,在叔父家长大,后来入选寿王府,被封为寿王妃。

开元二十五年(737)玄宗宠妃武惠妃去世,后宫数千人再没有能使玄宗满意的人。于是有人推荐寿王妃。玄宗一见钟情,便授意她出家作女道士,号太真,又替寿王另娶一妃,不久将太真悄悄接入宫中。

宋摹本唐张萱《虢国夫人游春图》卷(部分)

太真精通音律,擅长歌舞,而且聪慧敏捷,善解人意,深得玄宗宠爱。

贵妃受宠时,乘马时由宦官高力士执辔授鞭,有专职的700名织绣工人为她制衣,中外都对她趋炎附势,争献器物服饰珍宝。贵妃爱吃鲜荔枝,玄宗便每年命岭南驰驿送到长安,保持色味如新。贵妃两次忤旨被遣送回家,玄宗都心神不定、食睡不安,接回宫后宠待更深。

玄宗因宠爱贵妃,对杨家一门也大加青睐。他追赠玉环之父杨玄琰为兵部尚书;提升其叔父杨玄珪为光禄卿;任命其宗族兄弟杨铦为殿中少监、杨锜为驸马都尉;贵妃有三姊,玄宗分别封3人为韩国夫人、虢国夫人、秦国夫人,

五代周文矩《太真上马图》(局部)。杨贵妃足踏一小凳,在众人扶持下,正欲上马,她成为全图的中心人物。

称呼她们为姨，任她们自由出入宫廷，入宫时连玉真公主等也要礼让三分。3国夫人与杨铦、杨锜等5家权重势高，不可一世，5家竞建宅第，奢华已极，耗资无数。

杨钊（后改名国忠），是贵妃从祖兄，因为不学无术而为家族所鄙视，只好到蜀中参军。贵妃得宠后，他昼夜兼行赶到长安拜访杨家姊妹，并赠送大批蜀中特产。结果不仅他自己得到高官厚禄，还能随意提携交好之人。杨国忠后来权倾朝野，祸国殃民数年。

自从太真被封贵妃后，杨氏家族倍受恩宠，声震天下，四方都来献物拜见，门庭若市。民间流传道"生男勿喜女勿悲，愿君看女作门楣"。

李林甫口蜜腹剑把持朝政

李林甫是唐代著名的奸臣。他任宰相时权倾朝野，把持朝政很长时间。他嫉贤妒能，不容许他人才望功名超过自己。凡是玄宗亲信的大臣，他都要想方设法除掉，而表面却装出一副友好的样子。世人都说他"口有蜜，腹有剑"。

户部尚书裴宽一直为玄宗所倚重。李林甫担心他位列宰相，因此，千方百计陷害他。当时，正好刑部尚书裴敦复大破海贼吴令光后回朝，因受人之请虚报军功，裴宽将这种情况上奏玄宗。李林甫知道后暗中告诉裴敦复，并教唆他揭发裴宽也曾因亲属之故托他的事。裴敦复于是用500两黄金贿赂杨太真之姊，私下告诉玄宗。天宝三载（744）十二月，裴宽被贬为睢阳（河南商丘）太守。

李林甫在朝中肆意妄为、铲除异己。唐玄宗却昏庸无道，一味信任、依赖他。玄宗自从开元二十四年（736）从东都回京后一直懒于巡幸。于是李林甫与牛仙客谋划以各地储粮充实关中粮仓，造成积蓄丰盈的假象。玄宗坐井观天，以为天下太平。天宝三载（744）十二月玄宗曾对侍宦高力士说，我不出长安已近10年，天下无事，我想将政事委托给李林甫，不知如何？高力士说："天下大权不能委托他人，否则那人威势已成就难以收场了。"玄宗听后很不高兴。高力士连忙谢罪。从此，高力士再也不敢对玄宗谈天下事，玄宗也少了一个能对他讲实话的人，李林甫不知觉中又少了个敌人。

天宝五载（746），李林甫数兴大狱，让酷吏吉温审讯疑犯，先后流放刑部尚书韦坚、罢贬左相李适之、杖杀赞善大夫杜有邻、左骁卫兵曹柳勣等多人。天宝六载（747）正月，又杖杀北海太守李邕，赐死皇甫惟明、韦坚兄弟。李适之忧惧，自杀身亡。

当时，玄宗想广求天下贤士，命通一艺以上的人都到京城测试。李林甫担心贤人广聚，令玄宗了解到他对天下所做的恶事，于是对应试者层层把关，百般刁难。在他的操纵下，地方推举的贤人在京师考试中无一人及第。李林甫连忙上表祝贺全国上下再无遗贤，可怜玄宗竟也听信了他的无稽之谈。王忠嗣身兼四镇节度使，功名日盛，李林甫担心他升为宰相，想要除掉他，适逢王忠嗣又向玄宗奏明安禄山谋反的意图，更令李林甫嫌恶。他借王忠嗣不愿攻打石堡城、玄宗不悦之机，大进谗言，想置王忠嗣于死地。幸亏王忠嗣的部下哥舒翰恳求玄宗明查，王才免于一死，被贬为汉阳太守。

杜甫入长安

天宝五载（746），杜甫怀着"致君尧舜上，再使风俗淳"（《奉赠韦左丞丈二十二韵》）的政治理想，来到长安，寻找施展抱负的机会，但迎接他的却是冷漠的现实。十年困守长安时期，使杜甫饱尝世态炎凉，也使他的创作走向成熟。

天宝六载，玄宗诏征文学家、艺术家到京都就选，杜甫参加了这次考试，但由于"口蜜腹剑"的中书令李林甫的阴谋破坏，应试者无一个入选。杜甫不断向王公大臣投诗干谒，写下《奉赠鲜于京兆》《奉赠韦左丞丈二十二韵》《赠翰林张四学士垍》等诗，表达自己的政治理想，希望得到他们的引荐，但毫无着落。他向玄宗进献《三大礼赋》《封西岳赋》《雕赋》，虽得到玄宗赞赏，但也没有很大作用。最后得到右卫率府胄曹参军这样的正八品下小官时，他已困守长安十年，诗人的理想一再碰壁，生活也越来越拮据。"朝扣富儿门，暮随肥马尘，残杯与冷炙，到处潜悲辛"（《奉赠韦左丞丈二十二韵》）的辛酸屈辱，与他"自谓颇挺出，立登要路津"的不凡抱负形成鲜明的对比。贫困的生活体验，使他与下层人民的思想感情十分贴近；当权者的排斥，使

THE CHINESE CIVILIZATION

他对政治黑暗有了切身感受；他的性格也逐渐由清狂转入深沉。

这一时期，杜甫创作了一百多首诗，其中《兵车行》《丽人行》《前出塞》《后出塞》等名篇，从多方面反映了安史之乱前夕唐代社会的各种矛盾，表达了对人民的深切同情。他笔下描写了众多的下层人民，道出了人民的心声，更可贵的是他不只表面写出人民受苦的现象，而是进一步揭示出人民遭受苦的根源，一是赋税太重，二是贪官污吏盘剥，三是统治阶级奢侈浪费。在《自京赴奉先县咏怀五百字》中，诗人不仅揭露了"彤庭所分帛，本自寒女出，鞭挞其夫家，聚敛贡城阙"这样的客观事实，而且用"朱门酒肉臭，路有冻死骨"这样对比鲜明的形象画面对当时尖锐的贫富对立问题作了高度的艺术概括。这首诗即是杜甫对自己十年长安生活的总结，也展现了唐代盛世结束、危机四伏的社会图景。

杜甫这一时期的作品标志着他作为一个忧国忧民的伟大诗人的成熟，奠定客观写实的创作方向和沉郁苍凉的诗歌风格。

唐玄宗崇道

唐代道教兴盛。唐玄宗到了中晚年也开始崇尚道教。

开元二十九年（741），玄宗梦见玄元皇帝老子告诉他，愿与他一见，于是，他派使者求来老子画像放置兴庆宫中。五月，又令人画老子像分别放于各州开元观中。同年，他命令两京诸州各建玄元皇帝庙及推广玄学，让书生学习《老子》《庄子》《列子》《文子》等道家典籍，每年举行考试。

天宝元年（742）正月八日，陈王府参军田

唐玄宗开元投龙简。唐玄宗尊奉道教，凡祈福祈雨，有投龙之举，以铜版刊刻告文，投入山洞或江湖。

同秀投玄宗之所好,上奏说见过玄元皇帝,并知道灵符所在,玄宗马上派人在函谷关尹喜台找到灵符。群臣上表认为灵符暗藏年号,应改年号为"天宝",玄宗同意。二月二十五日,玄宗在玄元庙祭祀老子,并赦免天下罪人,将田同秀升为朝散大夫。当时人们都怀疑灵符是田同秀伪造的。次年又出了个以同样手段取宠的崔以清,地方官疑心有诈,审问结果果然如此。但玄宗晚年昏庸,并不过分怪罪崔以清,只把他流放边地。天宝元年,玄宗将两京玄元庙改为太上玄元皇帝宫,并下诏追尊庄子为南华真人、文子为通玄真人、列子为冲虚真人、庚桑子为洞虚真人,他们的书都改称"真经"。天宝二年(743),玄宗又追尊老子为大圣祖玄元皇帝,改两京崇玄学为崇玄馆,设一名大学士(由宰相担任),统领两京玄元宫及道观,玄学设学生100人。天宝四载(745),玄宗下诏将《道德经》列于诸经之首,并命集贤院将《南华经》从子部论编入经部目录,视其为经典著作。唐玄宗晚年盲目崇尚道教,做出了许多荒诞可笑的事。他由早年的清明皇帝到晚年的昏庸君主,与笃信道教也是不无关系的。

高仙芝出任节度使

唐天宝六载(747)十二月,高仙芝出任安西节度使。

将军高仙芝是高丽人,善骑射、勇猛骁强,在安西从军后,节度使夫蒙灵詧推荐做了副都护、都知兵马使,充任四镇节度副使。天宝六载(747),高仙芝带步骑1万讨伐吐蕃。七月,队伍兵分三路来到吐蕃连云堡(今阿富汗)下。吐蕃也有守兵近万人,但没想到唐军从天而降,毫无应战准备,只能依山抵抗。高仙芝派郎将李嗣业破城。监军边令诚以为唐军已入吐蕃太远,不敢前进,高仙芝便令他带3千弱军守城,自己带兵前进。他收服了阿弩越城(今巴基斯坦),入城令小勃律君臣来见,小勃律王闻讯和吐蕃公主逃走。高仙芝杀死了依附吐蕃的大臣,随后又俘获了小勃律王和吐蕃公主。在回朝的路上,他便修好捷书擅报朝廷以争军功。到河西后,节度使夫蒙灵詧不但不迎劳,反而大骂仙芝:你这个高丽奴,你的官位都是我给的,如今打了胜仗都不先通报我待我处理就上报朝廷,罪该万死!高仙芝只是谢了罪,并不多言。

139

THE CHINESE CIVILIZATION

开元二十六年（738）所建玄宗注道德经碑。八角经幢之各面刻着老子《道德经》及玄宗注文。

十二月，因为平定小勃律有功，玄宗任命高仙芝为安西四镇节度使，诏夫蒙灵詧入朝。灵詧心存疑虑，然而仙芝仍一如既往的对待他。对于军中平日与自己作对的军将，仙芝都当面指责和解释，从此军中少有互进谗言的事。

高仙芝军中有位猗氏（今山西临猗）人名叫封常清。他少孤家贫，跛足，请求作高仙芝侍从，高仙芝不得已留下他。在追击会达奚部叛军一战后，封常清私自替高仙芝草拟捷书，高仙芝一看，都是自己想说的，心中称奇。他升为节度使后，便让封常清作判官，作战时负责留守事务。一次，仙芝乳母之子郑德诠倚仗与仙芝兄弟般的关系和在军中郎将的地位，冒犯了封常清，封常清不顾高家人的苦苦哀求，狠狠体罚了郑德诠。高仙芝知道后并不过问这件事，封常清也不谢恩。于是，封常清在军中树立了威信，军纪为之一振。

天宝九载（750）二月，高仙芝率军攻破揭师，俘虏揭师王勃特设，立他的兄弟素迦为王，从此，揭师向唐朝称臣，每年上贡。这年年底，高仙芝又进攻石国（今中亚塔什干），俘虏了国王和部众后凯旋。战争中掠得的石国财宝碧珠10余斛、黄金五六橐驼，他都收入家中，没有上缴朝廷。

哥舒翰以数万人代价攻克石堡城

天宝八年（749）六月，陇右节度使哥舒翰率兵攻克石堡城，唐军死伤数万人，俘虏吐蕃军400人。此役唐军付出了惨重代价。

石堡城又名铁刃城，位于赤岭东20里（今青海西宁市西南），是唐与吐蕃的交通要冲，也是唐防御吐蕃的军事重镇。天宝四载（745），陇右节度使皇甫惟明攻打石堡城，兵败被贬，王忠嗣继任陇右节度使。天宝六载（747），唐玄宗又准备派兵攻打石堡城，王忠嗣上奏，认为攻城时机未到，白白损失兵力,不如厉兵秣马等待时机。玄宗大为不满。另派自荐将领董延光率军攻城,玄宗派王忠嗣分兵协助,王忠嗣对此持消极态度。董延光兵败后上奏王忠嗣阻挠军机,玄宗大怒,在李林甫谗言下免去王忠嗣职务,令部将哥舒翰接任其职。天宝八年六月,玄宗动用陇右、河西、朔方、河东各军,共计军士63000人攻打石堡城。石堡城三面险绝,只有一个突破口,可谓"一夫当关,万夫莫开"。吐蕃兵只有数百,唐军前仆后继,但屡攻屡败,死伤无数。哥舒翰命裨将高秀严、张守瑜3日夺下城池,否则问斩。结果他们3日内如期攻克石堡城,俘获吐蕃军400人,唐军也死伤无数。

和阗地毯形成

唐代,我国新疆和阗地区人民开始用羊毛编织地毯,经过不断摸索和改进,终于形成具有地区特色的地毯工艺,称为和阗地毯。

和阗是著名的羊毛产区之一,羊毛光泽强、弹性好,手感柔滑,坚实耐用。相传,洛甫县人那克西万最早试着用羊毛染色织毯,被人们称为"地毯之祖"。考古工作者在新疆发现了世界上最古老的彩色栽绒毯,为民间传说提供了实物证明。和阗洛甫县一带,无论男女老少都能熟练地织毯,成为一大地区特色。

和阗地毯分为丝毯、栽毛毯和金银线编织加栽绒织毯三大类。丝毯经纬均用丝,织法细密烦琐,结扣紧凑严整,价格昂贵,供宫廷显贵使用。栽毛毯为棉经棉纬或毛经毛纬,毛绒拴马蹄扣,经纬股数不等,拴结方法也各有不同,结扣比丝毯稀疏,价格较低,因为厚度可达15至25毫米,多为百姓御寒防潮之用。金银线编织加栽绒丝毯是一种高贵的地毯,以金线或银线合捻,在丝质经线上盘编成辫状作地纹,以彩色丝绒起花纹,富丽绝伦。这种精美的手工艺品进贡到朝廷后,不能直接铺在地上,而要铺在专门的棕毯上以免损坏,宫廷里甚至设置专门的棕匠编织棕毯。

和阗地毯与宗教关系紧密。公元八世纪以前,和阗地区佛教盛行,这一时期生产的地毯纹样带有浓厚的佛教艺术特色。天宝十载(751),唐将高仙芝为大食军所败,接着朝廷又因安史之乱无暇西顾,伊斯兰教势力趁机侵入,公元十世纪时,当地居民完全信奉伊斯兰教。伊斯兰艺术风格的图案,也就成为和阗地毯纹样的新特色，但由于传统上佛教图案的影响，仍与纯粹的伊斯兰艺术有区别。例如伊斯兰图案忌用有眼睛的动物形象，而和阗地毯纹样却无此禁忌。

和阗地毯纹样和阿拉伯、中亚、小亚细亚地区的纹样相近，同属东方类型。图案以几何组合型为主，采用数层花边，中间多呈菱形框架，内外布满细碎的几何图案、直线形花卉图案或满地缠枝花开图案，花纹有石榴花、四瓣玫瑰花、莲花、蝴蝶以及"卍"字纹、云纹、回纹等，花中套花，花外有皮，瓣中套瓣，图案紧凑，空间匀密。和阗地毯采用核桃皮、石榴皮、红花、蓝草等植物染料染色，以葱绿、蛋青、深红、蓝、黑等绒线织出鲜艳的花纹，十分美观。

和阗地毯声名远播、中外流行。和阗毯大部分运往疏勒（又名喀什嘎尔，现名喀什）销售，故又名疏勒毯或喀什嘎尔毯。历代和阗地毯都是宫廷中的珍品，直到清代，紫禁城、圆明园、颐和园、热河行宫等处都常使用新疆地区进贡的地毯。

笔记兴起

中唐以后，官修史书的效能大为减弱，私家撰述史书的机会增多。这些私家史书多以历史笔记的形式出现。多数具有较高的史料价值，同时，笔记的勃兴，直接影响了五代及两宋以后的笔记创作，意义十分深远。

历史笔记是一种相对独立的史学著作，往往与历史互为参照，补足正史的某些欠缺，而且体裁众多，形式多样。在唐代的笔记发展中，晚唐是一个重要的阶段，一般认为是笔记的勃兴时期。鲁迅《中国小说史略》第十章《唐之传奇集及杂俎》中列举的十几种书，多是晚唐人所作。

这一时期的历史琐闻笔记因作者的身份、见识、兴趣、视野的不同而具有各自的特点和价值。但这些书多涉及人物、事件、制度、以及学术文化、生产技艺、社会风情、时尚所好等，或多或少地从某一侧面反映了当时的历史面貌。现存的这一时期的历史琐闻笔记很多，比较真切地反映唐代历史事件的有《隋唐嘉话》，记录南北朝至开元年间的情况；《朝野佥载》，主要记录唐初至开元时事,以记武则天时事最为翔实;《国史补》,记开元至长庆年间事;《因话录》,记玄宗至宣宗朝事;《幽闲鼓吹》、《方溪友议》、《唐阙史》、《北梦琐言》,记唐末事。这些笔记作者都有为正史拾遗补缺的史学意识,使著作具有了记事的严肃性特点。

唐残字纸

李肇的《国史补·序》可以说是这种思想的总括和这类笔记成熟的重要标志。

作品对历史的记录不及正史系统,但在揭示时代特点和社会风貌方面,因很少受到来自官方的拘束,显得大胆而真实,客观性较强,而且言简意赅。如《隋唐嘉话》记李守素精于谱学,被人称为"肉谱",虞世南称王为"人物志",记高宗的情况客观地反映了盛唐时期的门阀风气。此外,晚唐笔记的一个突出特点就是不是为唐王朝唱赞歌,而是一曲腐败、衰落的挽歌。《国史补》中的《汴州流佛》《韦太尉后教》《王锷散财贷》《御史拢同州》等条目,写出了中唐时期文武官史贪赃枉法,贿赂公行的丑恶行径;《京师尚牡丹》、《叙风俗所侈》等,则生动地刻画德宗朝及以后贵族生活的奢靡和腐败。

THE CHINESE CIVILIZATION

唐朝

751~760A.D.

751A.D. 唐天宝十载

高仙芝击大食于怛罗斯城，大败，死者二万余人。

754A.D. 唐天宝十三载

鉴真东渡成功。

755A.D. 唐天宝十四载

十一月，安禄山反于范阳，以讨杨国忠为名，河北郡县多望风迎降。十二月陷东京。

756A.D. 唐天宝十五载

肃宗李亨至德元年

正月，安禄山称皇帝，国号燕。命郭子仪进图东京，以李光弼为河东节度使规复河北。六月，哥舒翰与安禄山将崔乾祐战于灵宝，大败，死者十之八九。乾祐陷潼关，哥舒翰为部下迫降于禄山。帝闻潼关失，仓皇西走，至马嵬驿，军士杀杨国忠等，帝被迫缢杀杨贵妃。百姓请留太子，许之，遂至成都。七月，太子即位于灵武，尊帝为上皇天帝，改元至德，是为肃宗。十二月，回纥援兵至，与郭子仪军合，大破同罗等胡于榆林河北，河曲皆平。

757A.D. 唐至德二载

正月，安禄山为其子庆绪所杀，庆绪即位。永王璘败死。命子仪为天下兵马副元帅。郭子仪东进，与安庆绪兵战于香积寺，大败之，遂复长安。

758A.D. 唐至德三载

乾元元年

李光弼谋图史思明，事泄，思明反。八月，回纥遣兵助讨安庆绪。遣郭子仪等七节度使讨安庆绪，以宦官鱼朝恩为观军容宣慰处置使以监护之；子仪等大破安庆绪，围之。大食、波斯大掠广州。十一月，史思明大发兵援安庆绪。

759A.D. 唐乾元二年

正月，史思明自称大圣燕王于魏州。史思明杀安庆绪。四月，泽潞兵破史思明兵于潞城东。史思明自称皇帝，国号燕。七月，以李光弼代郭子仪为兵马元帅，寻以赵王系为天下兵马元帅，光弼副之。

754A.D.

阿拉伯哈里发阿拔斯·阿尔·沙发死，弟阿尔·曼苏尔(754~775)嗣位。阿尔·曼苏尔实是阿拔斯朝之真正建立者。

安禄山势力膨胀谋反叛

　　天宝七年（748），安禄山就获李隆基所赐宝封，两年后又任东平郡兼河北节度使，又一年，一身兼任三地节度使，傲视地方，不可一世。此时唐盛已久，国人早已忘战，而朝廷之内，李隆基年寿已高，围着杨贵妃团团转，李林甫当道，纲纪大乱，他们似乎都没意识到，一场阴险的谋反正在步步逼近。

　　天宝十二年（753），杨国忠任宰相，安禄山蔑视地公开对众人说："就凭那个老家伙也配当宰相！"杨国忠闻言，自是怒火冲天，却不向外声张，两人暗地里扳起了手腕。

　　安禄山对偌大一个内质正变的唐朝，早已虎视眈眈。在军事上，他豢养了同罗、奚、契丹等战俘8000余人，还有百余骁勇善战的家僮；经济上，由于可自铸铜钱，财源早已滚滚，同时又派遣手下胡人四处行商，每年获利数以百万计；另外，又招高尚、史思明等人作心腹部将，随时准备举兵进攻了。

　　天宝十三年（754）正月，杨国忠又借机向唐玄宗说安禄山坏话："陛下，安禄山这人杀气腾腾，必有谋反之意，不可不大力治罪。"玄宗正被杨贵妃的"妃子一笑"弄得神魂颠倒，哪里听得进去。杨国忠只得又说："陛下若不信，可召安禄山入朝，他必定心中有鬼而不敢来！"玄宗将信将疑，便依言下诏，怎知安禄山心里的"鬼"比天还大，二话没说，立即到殿，拜倒在玄宗面前哭着说："我是胡人，被杨宰相所看不起，我距离死的日子大概不远了！"眼泪骗过了玄宗。自此之后，玄宗更加信任安禄山，尽管太子等人亦说安有谋反之意，玄宗却一点也听不进了。

　　玄宗不断加封安禄山为左仆射、闲厩、陇右群牧等职，安一时成为殿前红人，益发得意。754年2月又要求玄宗破格赏赐其手下部分将士，玄宗亦许。安禄山借玄宗之手收得了将心，打好了造反的根基。

　　唐玄宗声色犬马，杨国忠腐败执政，老百姓惯于太平，貌似平静的社会表层下，已经隐藏着一触即发的危机了！

THE CHINESE CIVILIZATION

唐人口到达顶峰

唐天宝十三载（754），唐代人口达到最盛时期。

当年，根据户部的统计数字，唐朝有321个郡，1538个县，乡16829个，9069154万户人家，人口达52880488万之多。户数和人口数都达到了前所未有的顶峰。户口的极盛是和当时的政治经济分不开的。当时的唐朝虽是奸佞当道，然而国力尚盛，外族只有进奉，不敢轻言入侵。太平盛世，百姓安居乐业，人口数量达到顶峰也就不足为怪了。

唐女立俑

杨国忠拜相

　　玄宗后期,不问朝政,声色犬马,李林甫当道,粉饰太平,偌大一个唐朝,已逐渐滑向衰败的深渊。天宝十一载(752),李林甫病死,杨国忠拜相,依然媚事左右,迎合玄宗,杜绝言路,掩蔽聪明,唐朝腐败黑暗之象,无以复加。

　　杨国忠,唐蒲州永乐(今山西永济)人,杨贵妃堂兄,本名钊,天宝九载(750)玄宗赐改名国忠。

　　杨国忠嗜好赌博饮酒。30岁时参加蜀军,后来,杨贵妃得宠,真正是"炙手可热势绝伦"。剑南节度使章仇兼琼正苦无后台,见状当即怂恿杨国忠赴长安,并提供大笔钱财让他去贿赂众官。有道是"有钱能使鬼推磨",杨国忠果然得到了玄宗亲封的京官之职,杨国忠善迎奉,皇上好恶,一应俱知,因而玄宗以为他有才能,将其步步提升,数年之内已领15职。天宝七载(748)更升至给事中,杨家势倾天下、穷奢极欲、挥霍奢靡,杨国忠开始与李林甫正面争夺朝政大权了!

　　杨国忠不断一本正经地向玄宗说李林甫的坏话,并利用贵妃得宠之机,屡屡向玄宗刮起"枕边风",玄宗于是开始逐渐疏远李林甫而重视杨国忠。

唐黑釉小壶

THE CHINESE CIVILIZATION

天宝十一年（752），李林甫病重，杨国忠前往拜谒，林甫自知大势已去，流着泪对国忠说："我就要死了，公必为相，将以后事累公！"杨国忠以为林甫已洞悉其奸，连声说不敢当，汗流满面。

天宝十一年（752）十一月十二日，李林甫死，杨国忠拜相。

杨国忠为人强辩而轻躁，拜相后以天下为己任，裁决机务，果敢不疑，颐指气使，自皇太子以下，人人畏之，杨家兄妹，势倾天下。

杨国忠为显示自己精敏，曾私专选事，将本由门下省审批、三注三唱、经历春夏两季才可完成的选事权改由自己圈定，天宝十二载（753）正月，杨国忠亲自唱注选人，一日而毕，但所选之人资质相差极远，门下各官大眼瞪小眼，但没有一人敢申说。

杨国忠对李林甫当初与他的争夺怀恨在心，虽林甫已死，亦觉不解恨，于是便向玄宗诬陷李林甫曾与谋反的阿布思约为父子，玄宗闻之大怒，将李林甫子孙有官的都除名，并流放岭南蛮夷之地，又下令剖开林甫棺木，收回口中的珠及身上的金紫衣，用小棺以平民礼节下葬。林府一片哭泣之声，杨国忠暗自奸笑。

杨国忠之子杨暄去考明经试，得了个不及格，主考官达奚珣在揭榜前夕，面对着这个令他头痛的名字，但觉举笔有千斤重，便使人探听国忠口风，国忠大怒说："我儿子的富贵还用得着你们这些鼠辈讨好！"达奚珣倒吸一口凉气，不得已定杨暄为上第。

国忠权重一时，只有进士张彖不以为然，说："你们以为倚靠国忠如泰山，我以为是冰山。"果然，至德元年（756），安史兵变，杨国忠在潜逃中为兵士所杀，冰山消融，嚣张不再。

鉴真东渡

天宝十二年（753），鉴真和尚随日本遣唐使东渡日本弘法。第六次东渡成功。

鉴真和尚（688~763），扬州江阳人，俗姓淳于。14岁出家为僧。他到过东都洛阳和长安，跟随高僧受中宗礼聘，为中宗解经，并在洛阳、长安讲道。

唐朝

618～906A.D.

鉴真坐像。此像是鉴真弟子忍基等人按其真容制作。鉴真席地盘膝而坐，类似佛的结跏趺坐；双手上下相叠于腹前，为禅定姿态。容貌清瘦苍劲，双目翕合，表情宁静安详，表现了进入禅定时澄沏空明的心境。造型手法极写实，形象真实生动，是很好的人物肖像作品。此像至今供奉在唐招提寺开山堂内，被视为日本的国宝。

THE CHINESE CIVILIZATION

鉴真和尚手迹

鉴真东渡成功路线图

唐招提寺。鉴真在日本生活了十年,于唐广德元年(763)病故于奈良唐招寺,终年76岁,葬于寺内。图为759年鉴真同弟子设计建造的唐招提寺。

日本《东征绘传》中描写鉴真和尚准备登船的情景(局部)。

天宝元年（742），在中国已有10年的日本高僧荣睿、普照等从洛阳至扬州，访谒鉴真，恭请鉴真东渡日本传戒弘法。从天宝二年到天宝九载（743～750），鉴真先后5次东渡或准备东渡，都因种种原因而失败。

鉴真一行由扬州出发到苏州，在苏州改乘遣唐副使大伴古麻吕船东渡。同年十二月抵达日本，受到隆重欢迎。鉴真到日后，次年（754）四月为圣武天皇等授戒。天宝十四载（755），又在东大寺坛院授具足戒。同年，日建唐禅院，使鉴真居之。圣武天皇死后，日以供御大米、盐供奉鉴真。代宗广德元年（763）五月，鉴真圆寂于招提寺。鉴真东渡，不仅对日本佛教，而且对日本的医药、建筑、雕塑诸方面发生重要影响，为中日文化交流史上重要事件。

高仙芝败于大食

天宝十年（751），安西节度使高仙芝在大食大败，唐朝从此失去了对中亚诸国的控制能力。

天宝九年（750），高仙芝率军征讨石国（在今乌兹别克境内）。石国势力单薄，国王举手投降，却被唐军斩杀。石国王子逃经西域诸国。西域诸国闻讯后秘密商议，决定联合起来，和大食一起进攻唐军。

天宝十年（751）四月，两军战于怛罗斯，相持5日，

唐代大食人立俑

THE CHINESE CIVILIZATION

各有伤亡。忽然唐军中阵势大变，但见旗帜倒向，帐篷火起，一彪人马杀回头来——原来是唐军中的突厥葛逻禄部临阵倒戈！一时唐军大乱，慌不择路，互相践踏，士卒死伤大半。左威卫将军李嗣业见大势已去，死死保住高仙芝，乘夜色苍茫拼命逃遁，而途中人马堵塞，后退甚慢。李嗣业遇人杀人，遇马毙马，高仙芝终于在血路中拣得一条性命。

唐代大食行旅俑。唐代称阿拉伯为大食，当时它与中国的交往十分频繁，我国许多地方都留下了阿拉伯商人的足迹。此俑面颊清瘦，深目高鼻，络腮胡，身体前倾，右手肘扶胸前绳索，左手执壶，作行进状，十分逼真地塑造出一位长途跋涉的旅行者形象。